JN206605

きける！
よめる！
はなせる！

英語がフォニックス

①アルファベット

監修／アレン玉井光江

国土社

もくじ

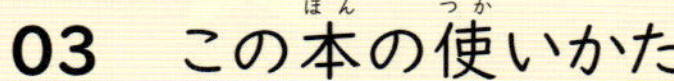

大文字

小文字

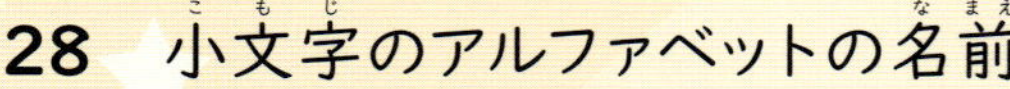

大文字・小文字

アルファベットの音

この本の使いかた

図書館や学校でのコピーやQRコードの使用はフリー

この本は、おうちではもちろん、図書館や学校であれば自由にコピーすることもできるし、QRコードの音声を自由にきくこともできるよ。

先生方やおうちの方へ
著作権法の範囲内であれば、この本は自由にコピーでき、QRコードの音声も自由に使うことができます。
家庭での私的使用はもちろん、図書館内や学校内であれば、だれでも自由にコピーや音声の利用をすることができます。

※ただし、この本とそれに関連するコンテンツの著作権は、株式会社国土社および著作権者に帰属します。著作権法に反する違法な複製・インターネット送信・商用利用などは、ご遠慮ください。

QRコードをよみこんで音声をきこう

スマートフォンやタブレット端末のカメラでQRコードをよみこもう。
英語の歌や発音をきいたり、動画を見たりできるよ。
音声は特設ページからまとめてダウンロードもできるよ。

特設ページのQRコード

コピーやダウンロードをしてくりかえし使おう

書きこんで使うページは、かならずコピーをしよう。みんなでくりかえし使えるように、本に直接書きこまず、コピーをするようにしよう。
また、一部の書きこんで使うページは、ワークシートになっているから、右のQRコードをよみこんでダウンロードすれば、自由にくりかえし使うことができるよ。

ワークシートをダウンロードしよう

はじめに　アレン玉井光江（青山学院大学 教授）

AI時代、VUCA（予測不可能）時代、そしてグローバル化が進む時代を生きている皆さん。きっと英語の必要性を十分に感じていることでしょう。学習が進むにつれて、英語が難しくなったと感じている人も多いのではないでしょうか。特に、単語を読んだり、書いたりするのが苦手で、英語の授業に不安を感じることがあるかもしれません。本書をしっかり活用し、単語や文を読めるようになりましょう。

本書では、まず最も基本となるスキルであるアルファベットの大文字・小文字26文字の形とその名前を学びます。たとえば、Bやbという文字の形とその名前「ビー」を覚えていきます。この段階で大切なのは、文字の形をしっかり覚えることです。特に小文字は特徴が少なく、文字の高さが意味を持つため、しっかりと目で認識することが重要です。

次に大切なのは、文字の名前を聞いたときや、自分で声に出して読むときに、日本語にはない音に気づき、それを正しく発音できるようになることです。たとえば、L、M、Nなどは、最後の音をしっかりと発音することがポイントです。アルファベットの学習を通じて、音に対する意識も高めていきます。

文字とその名前が理解できたら、次は名前を聞いてすばやく、正確に文字が書けるように練習しましょう。本書にはそのための練習がたくさん用意されています。

フォニックスとは？

フォニックスとは、アルファベットの文字と音のむすびつきを学ぶ方法のこと。英語が使われている国でくらす子どもたちもフォニックスで読み書きを学んでいるんだよ。

アルファベットには「名前」と「音」の２つのよみかたがあって、それらを知ることが、英語をよんだり書いたりするときのたすけになるよ。フォニックスをすべて学べば、中学校で習う英単語のうち70％くらいがよめるようになるといわれているんだ。

このシリーズの本は、はじめてアルファベットやフォニックスを学ぶあなたにぴったり。めいろやまちがいさがしなど、たくさんのあそびをとおして英語を楽しく学ぼう!!

この本に登場するキャラクター

フォスター

まじめでやさしいキツネの子。いつも、お気にいりのマフラーをつけているよ。

ニコラ

いつも元気いっぱいの人間の子。英語を話せるようになりたくて、フォニックスを勉強中。

スパークス

おっちょこちょいなフェニックス（不死鳥）の子。たまごのカラがくっついたままだけど、気にしていないみたい。

「やっほー！　ニコラだよ☆」

「オレはスパークス！」

「はじめまして、わたしはフォスターともうします」

「ぼくたちは、いま英語にムチュウなんだ！」

「といっても、まだアルファベットも言えませんが…」

「えへへ」

「よ～し、アルファベットはオレがいちばんにやっつけるぞ～！」

「やっつけちゃだめだよ、スパークス」

「……わたしたちだけではちょっと心細いので、よかったらあなたもいっしょにアルファベットを学びませんか？」

「この本では、アルファベットの形と名前を知ることができるよ！」

「せっかくだから、楽しくな！」

「アルファベットを書いたり、よんだりできることは、英語への第一歩です」

「ABCの歌もうたえるようになっちゃうぜ！」

「ワクワクしてきた～！　さあ、いくよ～！」

大文字

大文字のアルファベットの名前

左から右へ順番によもう。

A	B	C	D
H	I	J	K
O	P	Q	R
V	W	X	Y

やってみよう

①QRコードの歌にあわせてアルファベットを指さししよう。
②アルファベットを指さししながら、いっしょに歌おう。
③歌がなくても、アルファベットの名前が言えるかな？
色ごとに指さししながら言ってみよう。

アルファベットの名前を
しっかり発音しよう！

E	F	G
L	M	N
S	T	U
Z		

おうちの方や先生方へ
アルファベットカードのあそびかた

①このページを厚めの紙にコピーして切り離し、カードをつくる。
②カードをひとつにまとめ、適当にきる。
③カードを1枚ひいて書かれている文字の名前を声に出して読み、このページの同じ文字の上にカードを置いていく。
④カードをすべて置き終えるまでの時間を計り、記録表に書く。

記録表

【例】
Date: 4 月 1 日
Time: 10分21秒

Date: 月 日	Time: 分 秒
Date: 月 日	Time: 分 秒
Date: 月 日	Time: 分 秒
Date: 月 日	Time: 分 秒
Date: 月 日	Time: 分 秒
Date: 月 日	Time: 分 秒
Date: 月 日	Time: 分 秒

大文字

色をぬろう

2つのイラストの中にぜんぶで26文字あるよ！

歌をきこう
♪Mary Had a Little Lamb

歌の前にながれる音声にしたがって、A、I、J、Rは赤、B、G、L、Mは緑、D、H、K、T、Zはオレンジでぬろう。

答えは76ページ

※コピーするか、ワークシートを印刷して色をぬろう。

Let's! やってみよう

①イラストの中のアルファベットを見つけよう。

②QRコードの歌をききながら、見つけたアルファベットに色をぬろう。

歌をきこう
♪Twinkle Twinkle Little Star

歌の前にながれる音声にしたがって、
C、E、N、Q、Vは黄色、F、U、W、Yは茶色、
O、P、S、Xは青でぬろう。

※コピーするか、ワークシートを印刷して色をぬろう。

答えは76ページ

大文字（おおもじ）

アルファベットさがし

答（こた）えは76ページ

Let's! やってみよう

①10ページのスーパーマーケットのイラストの中に、アルファベットの文字がぜんぶで８つあるよ。見つけて、文字をよんでみよう。

②11ページのまちなみのイラストの中に、アルファベットの文字がぜんぶで16こあるよ。見つけて、文字をよんでみよう。

答えは76ページ

大文字

大文字をなぞってみよう

音声をきこう

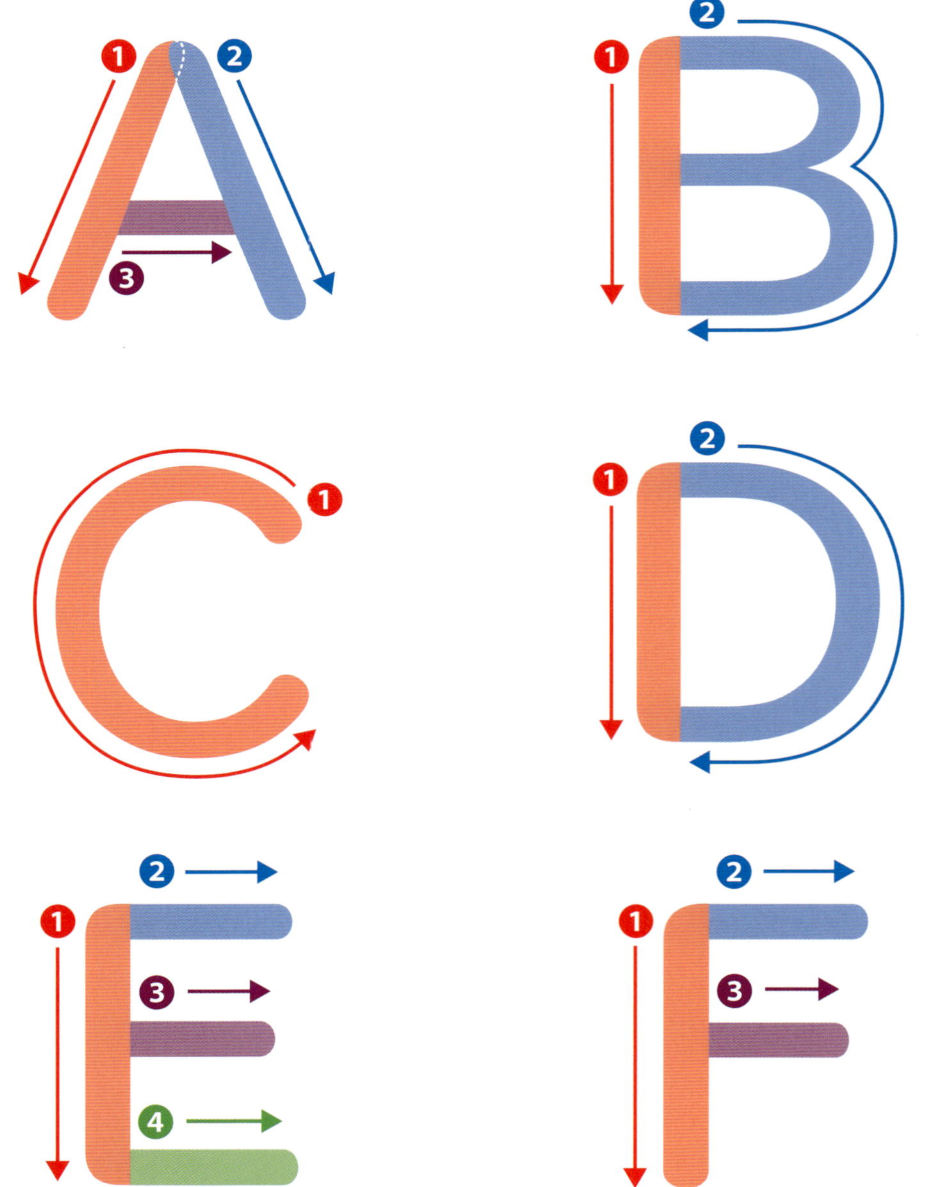

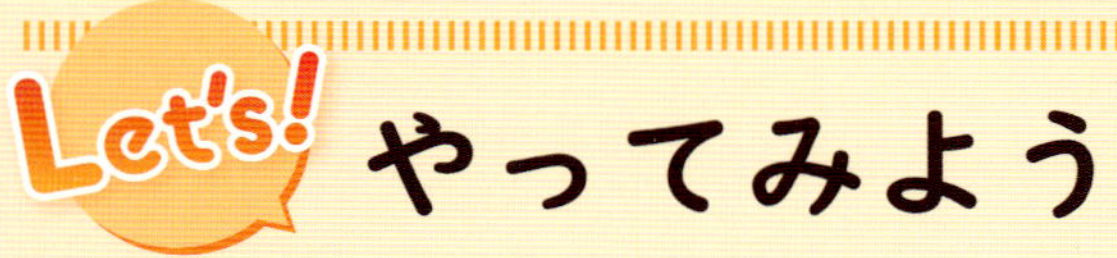

①AからZまで大文字のアルファベットを指でなぞって書いてみよう。
書き順は❶赤色の線、❷青色の線、❸紫色の線、❹緑色の線の順番だよ。
②QRコードの音声をききながら、アルファベットを指でもう一度なぞろう。

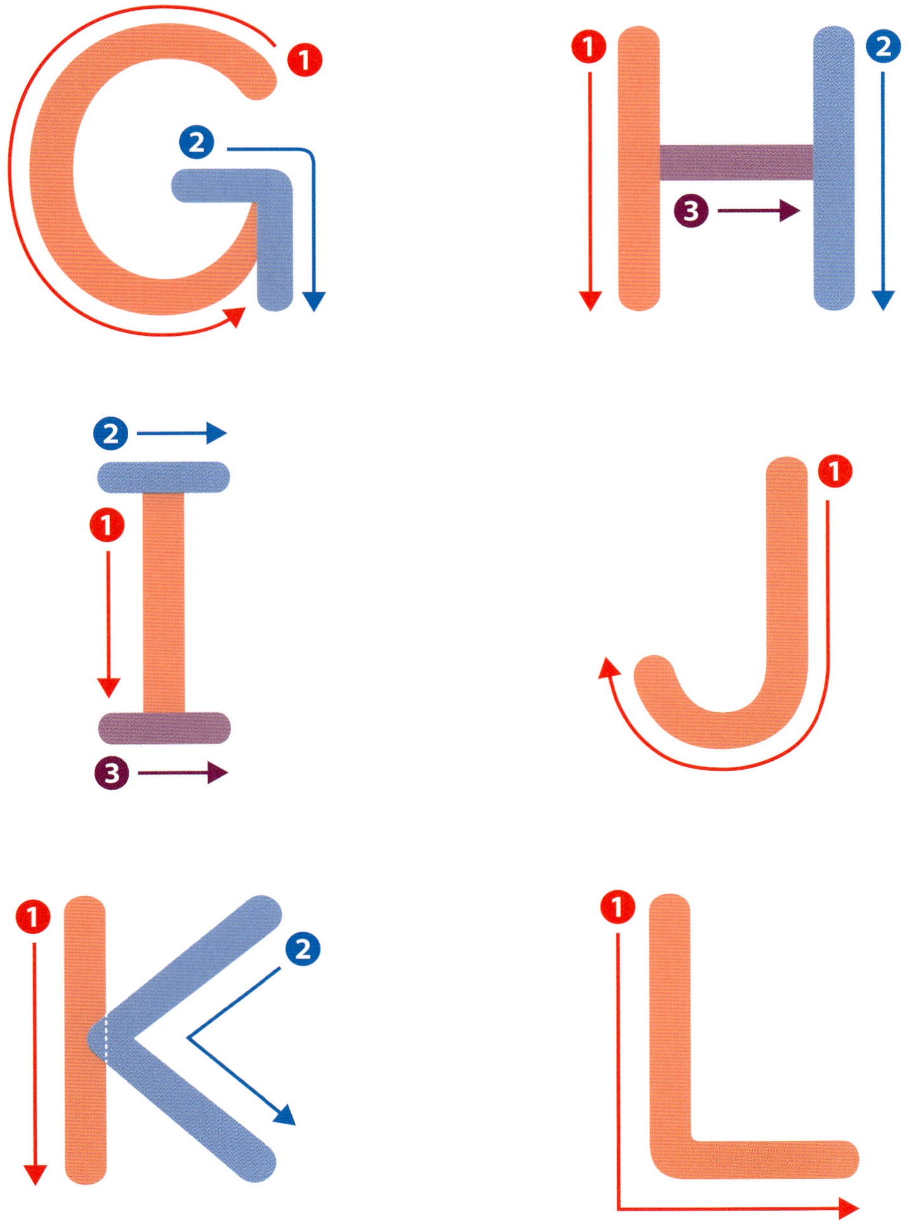

G H

I J

K L

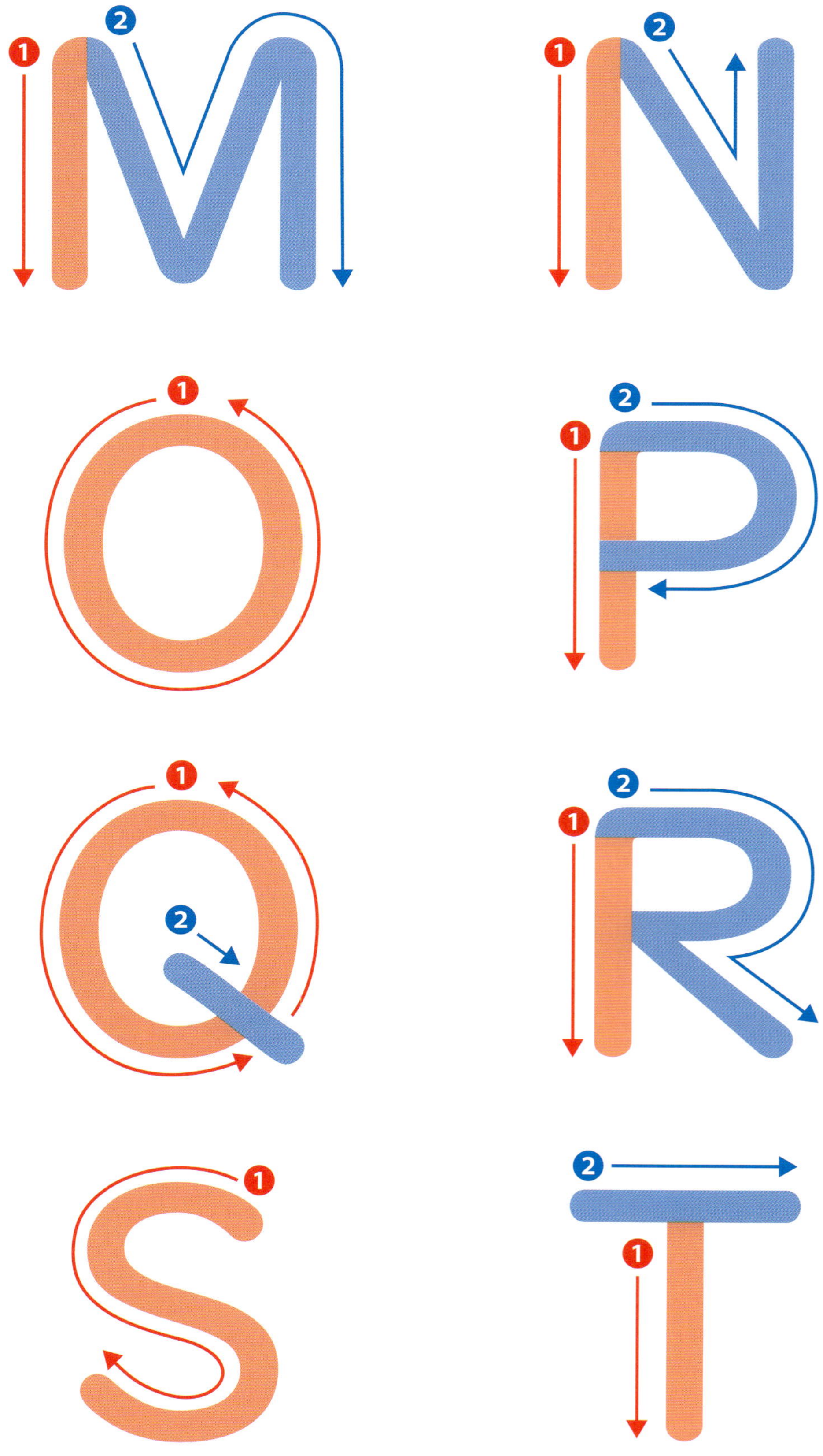
M
N
O
P
Q
R
S
T

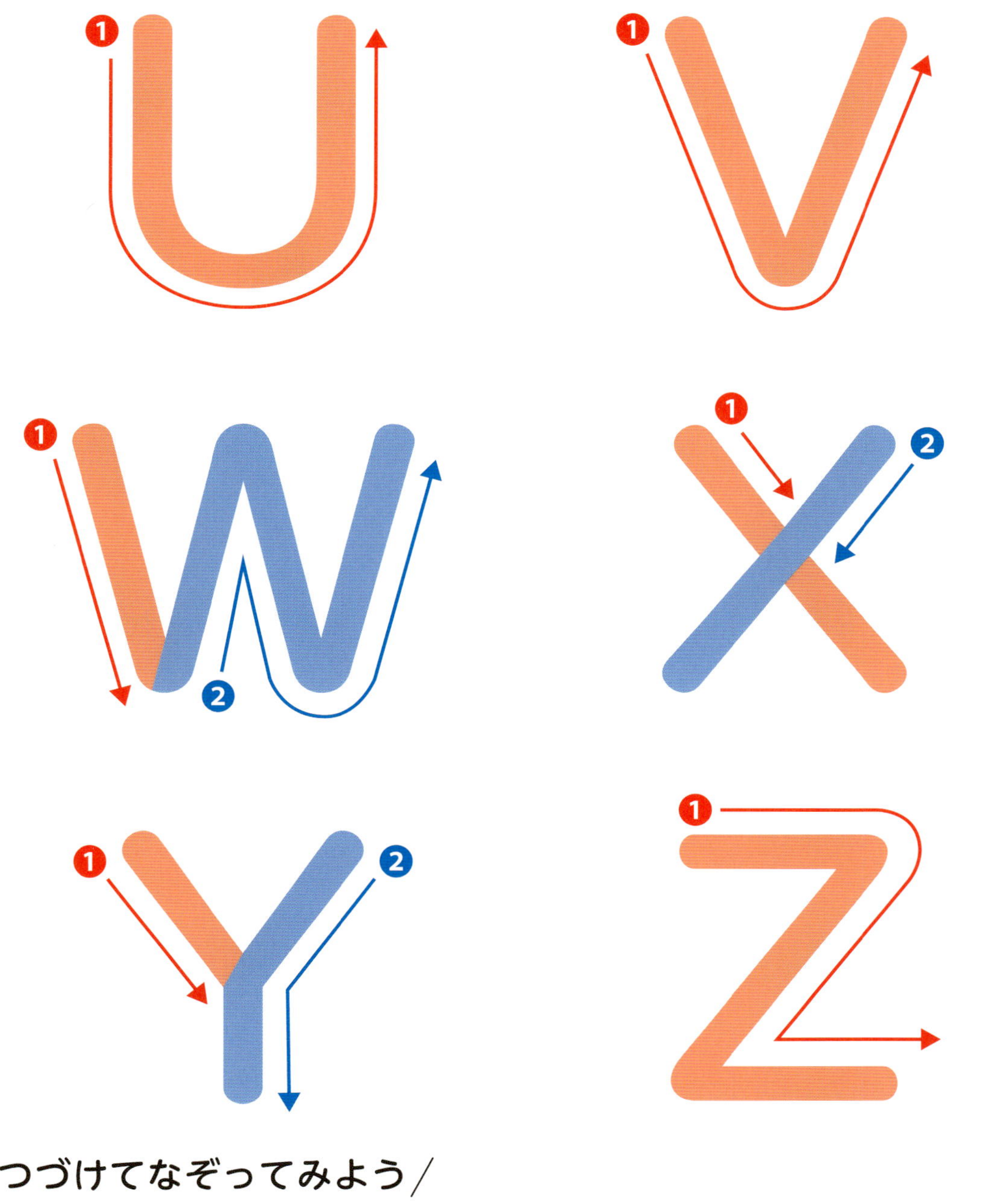

＼つづけてなぞってみよう／

A B C D E F G H I

J K L M N O P Q R

S T U V W X Y Z

```
      MMM                     MMM
     MYYYMM                 MMYYYM
    MYYYYYM                 MYYYYYM
    MYYYYYYM               MYYYYYYM
    MYYYYYYYM             MYYYYYYYM
   MYYYYYYYYM             MYYYYYYYYM
   MYYYYYYYYYM           MYYYYVYYYYM
   MY YYYYYYYYM         MYYYYYYYYY YM
   MY  YYYY  YM         MY  YYYY   YM
   MY   YY    MM       MM    YY    YM
   MY   Y      M       M      Y    YM
   MY   Y      MM     MM      Y    YM
  MMY   Y      MWMMMMMMMMMM   Y    YMM
  M Y   Y    MM            MM Y    Y M
  M Y   Y                     Y    Y M
  M Y   Y                     Y    Y M
  M Y   Y      DDD     DDD    Y    Y M
  M Y Y        DDDD   DDDD       Y Y M
  M YY          DD     DD         YY M
  M Y   OOOOOOO          OOOOOOO   Y M
  M   OOOOOOOOOOO      OOOOOOOOOOO   M
  M OOOO      OOOO    OOOO      OOOO M
 MM OOO         OOO  OOO         OCO MM
MM  OO           OOO OOO          OO  MM
M    O            OO OO           O    M
M    O             O O            O    M
M    O        DDD  OOO  DDD       O    M
 MM  OO       DDD  O O  DDD      OO  MM
  MM  OO      DDDO     ODDD     OO  MM
  M    OO         O     O      OO   M
  M     OO      O   D    O   OO     M
  MMM    OOOOOOO  DD   DD  OOOOOOO MMM
    MMM                          MMM
       MM                      MM
         MFFFFFF        FFFFFFM
           F     FFFFFFFF     F
            F       F        F
             F       F      F
              F       F    F
               FF      FFF
                 FFFFFFF
```

答（こた）えは76ページ

Let's! やってみよう

①16ページのフォスターのイラストにある８種類のアルファベットのうち、１文字だけしかない文字が３つあるよ。どこにあるのか、見つけよう。

②17ページのスパークスのイラストにある８種類のアルファベットのうち、１文字だけしかない文字が３つあるよ。どこにあるのか、見つけよう。

答えは76ページ

大文字

アルファベットで点つなぎ

音声をきこう 

1～4は、アルファベットの順番になるように点をつないでいこう。

1. APPLE

2. GUITAR

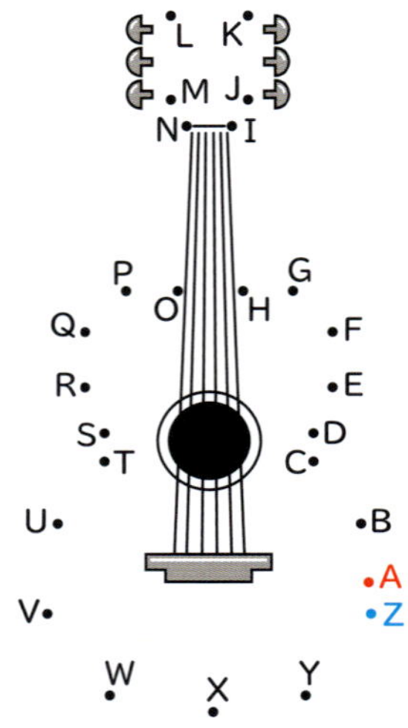

3. PENCIL

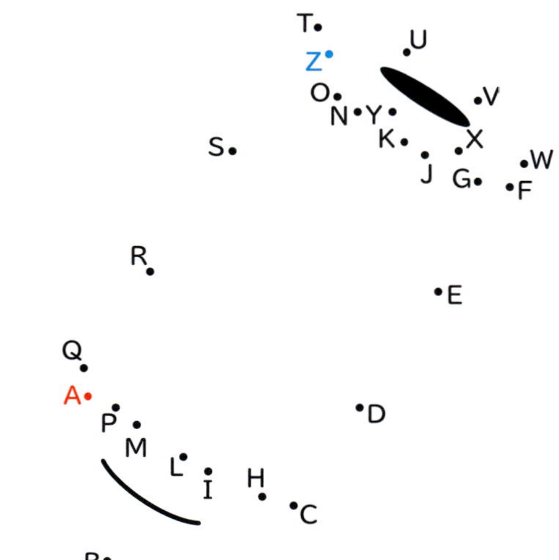

4. HAT

答えは76ページ

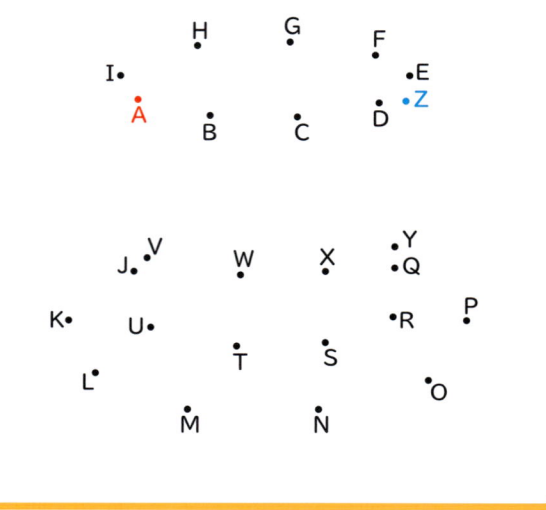

※コピーするか、ワークシートを印刷して点をつなごう。

Let's! やってみよう

①AからZまで点をつないでいこう。なにがあらわれるかな？

②あらわれたものをあらわす英語のことばがうすい文字で書かれているよ。指でなぞってみよう。

③QRコードの音声をきいて、ことばをまねして声に出して言ってみよう。

5〜8は、QRコードの音声の順番になるように点をつないでいこう。

5. RABBIT

順番

6. TRAIN

順番

7. SNAIL

順番

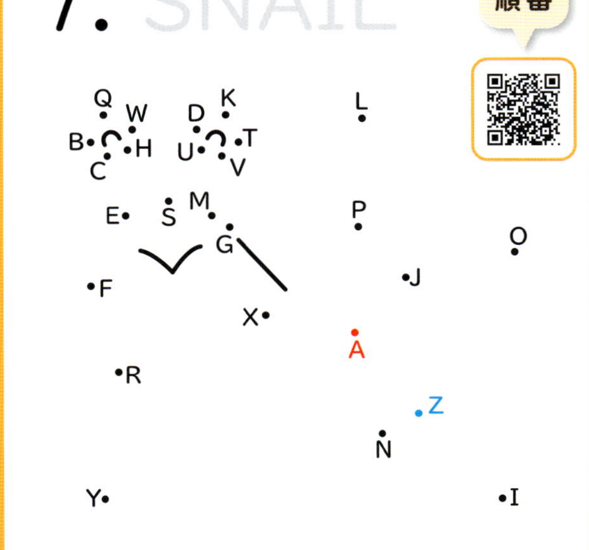

8. CHAIR

順番

※コピーするか、ワークシートを印刷して点をつなごう。

答えは76ページ

大文字

アルファベットのめいろ

やってみよう

次の①～③のルールにしたがって、めいろをすすんでゴールをめざそう。

①AからZまで、正しいアルファベットの順番ですすもう。

②とちゅうでリンゴをかならず3つひろってね。

③生きものがいるところは、いきどまりだから、とおれないよ。

答えは76ページ

大文字(おおもじ)

まちがいさがし

音声(おんせい)をきこう

なぞってみよう

CAT MAT RAT BOX FLOWER

答(こた)えは77ページ

Let's! やってみよう

①上と下のイラストを見くらべて、ちがうところを3つずつ見つけよう。

②QRコードの音声をきいて、アルファベットの名前とことばをまねして言ってみよう。

③イラストの下にあるアルファベットをなぞろう。

音声をきこう

なぞってみよう

CAKE SNAKE DUCKLING GRASS

答えは77ページ

大文字

英語のことばを見つけよう

O	B	L	U	E	K
P	U	R	P	L	E
G	R	E	E	N	T
C	K	D	O	P	Q
B	L	A	C	K	Z
S	Z	P	I	N	K

1. PINK

2. GREEN

3. BLUE

4. PURPLE

5. BLACK

6. RED

➡ 答えは77ページ

Let's! やってみよう

①たくさんのアルファベットの中(なか)に、1～6のイラストをあらわす英語(えいご)のことばがタテ・ヨコのいずれかにかくれているよ。どこにかくれているのかな？ 6つすべて見(み)つけよう。

②QRコードの音声(おんせい)をきいて、1～6のことばをまねして言(い)ってみよう。

F	H	I	P	Q	Y
O	G	C	A	T	R
J	D	S	N	B	L
F	O	X	D	C	K
D	G	R	A	T	E
M	O	N	K	E	Y

音声(おんせい)をきこう

1. DOG

2. PANDA

3. CAT

4. RAT

5. FOX

6. MONKEY

答(こた)えは77ページ

大文字

きいて・書いてみよう

音声をきこう

1.

2.

3.

4.

5.

6.

7.

8.

9.

答えは77ページ

※コピーするか、ワークシートを印刷して文字を書こう。

Let's! やってみよう

①QRコードの音声をきこう。1～15までそれぞれいくつかのアルファベットの音声がながれるよ。そのアルファベットをすべてききとって、それぞれ大文字で紙に書こう。

②書いたアルファベットを、声に出してよんでみよう。QRコードの音声をもう一度きいて、まねをしてもいいよ。

10.

11.

12.

13.

14.

15.

※コピーするか、ワークシートを印刷して文字を書こう。

答えは77ページ

小文字
小文字のアルファベットの名前
歌をきこう
♪ABC

左から右へ順番によもう。

a	b	c	d
h	i	j	k
o	p	q	r
v	w	x	y

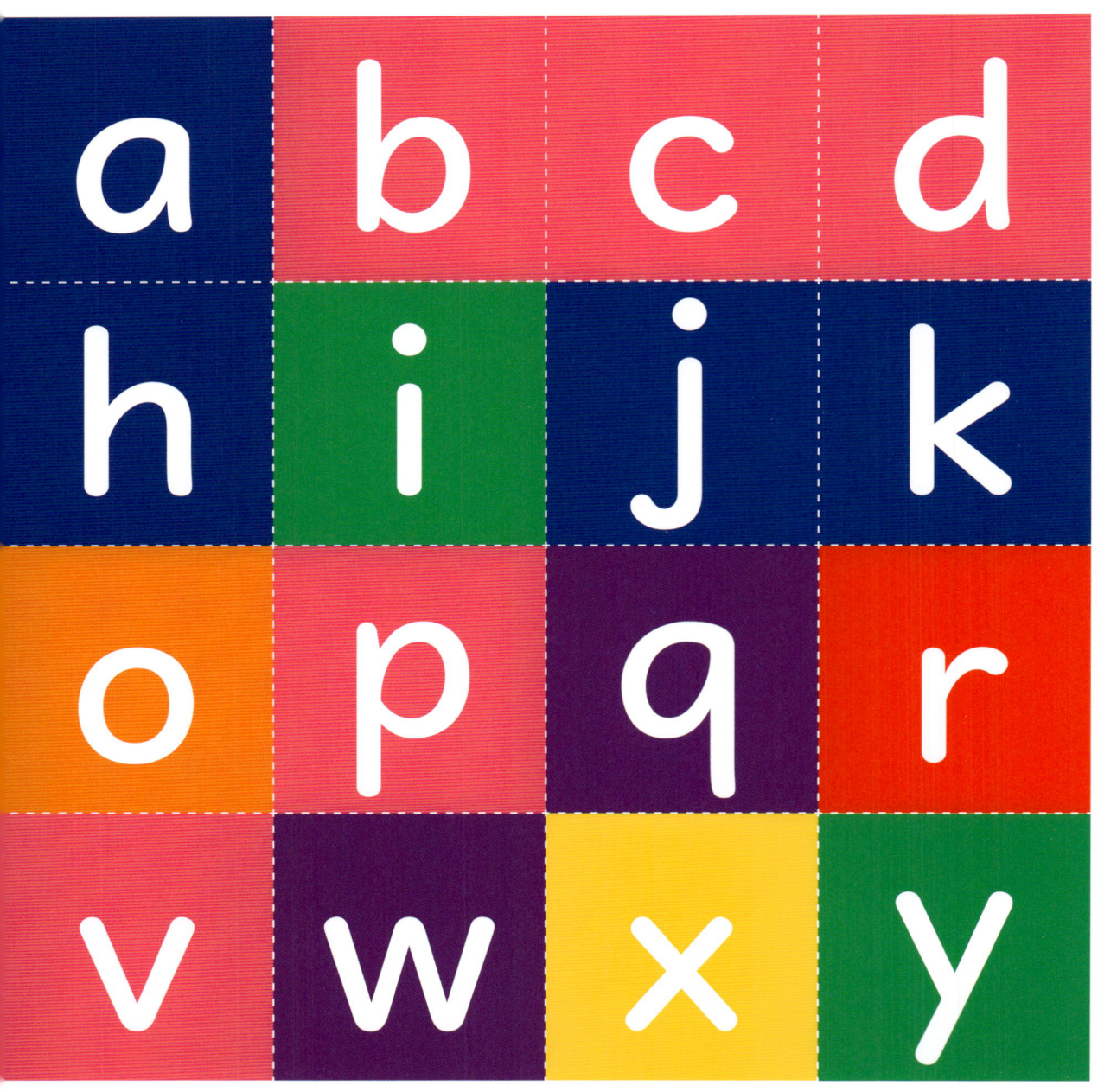

Let's! やってみよう

①QRコードの歌にあわせてアルファベットを指さししよう。
②アルファベットを指さししながら、いっしょに歌おう。
③歌がなくても、アルファベットの名前が言えるかな？
色ごとに指さししながら言ってみよう。

アルファベットの名前を
しっかり発音しよう！

e	f	g
l	m	n
s	t	u
z		

おうちの方や先生方へ
アルファベットカードのあそびかた

①このページを厚めの紙にコピーして切り離し、カードをつくる。
②カードをひとつにまとめ、適当にきる。
③カードを1枚ひいて書かれている文字の名前を声に出して読み、このページの同じ文字の上にカードを置いていく。
④カードをすべて置き終えるまでの時間を計り、記録表に書く。

記録表

【例】
Date: 4 月 1 日
Time: 10分21秒

Date: 月 日
Time: 分 秒

Date: 月 日
Time: 分 秒

Date: 月 日
Time: 分 秒

Date: 月 日
Time: 分 秒

Date: 月 日
Time: 分 秒

Date: 月 日
Time: 分 秒

Date: 月 日
Time: 分 秒

小文字

色をぬろう

歌をきこう
♪Who Took The Cookie?

歌の前にながれる音声にしたがって、
b、f、r、xはオレンジ、d、u、y、zはピンク、
k、m、t、v、wはむらさきでぬろう。

➡答えは77ページ

※コピーするか、ワークシートを印刷して色をぬろう。

Let's! やってみよう

①イラストの中のアルファベットを見つけよう。
②QRコードの歌をききながら、見つけたアルファベットに色をぬろう。

歌をきこう
♪Row Row Row Your Boat

歌の前にながれる音声にしたがって、
a、e、g、j、qは黄色、c、h、n、sは緑、
i、l、o、pは青でぬろう。

※コピーするか、ワークシートを印刷して色をぬろう。

答えは77ページ

<ruby>小文字<rt>こもじ</rt></ruby>

アルファベットさがし

➡ 答えは77ページ

やってみよう

①32ページの電車内のイラストの中に、アルファベットの文字がぜんぶで13こあるよ。見つけて、文字をよんでみよう。

②33ページの遊園地マップのイラストの中に、アルファベットの文字がぜんぶで15こあるよ。見つけて、文字をよんでみよう。

答えは77ページ

小文字（こもじ）
小文字（こもじ）を
なぞってみよう
なんどもくりかえし
やってみよう
音声（おんせい）をきこう

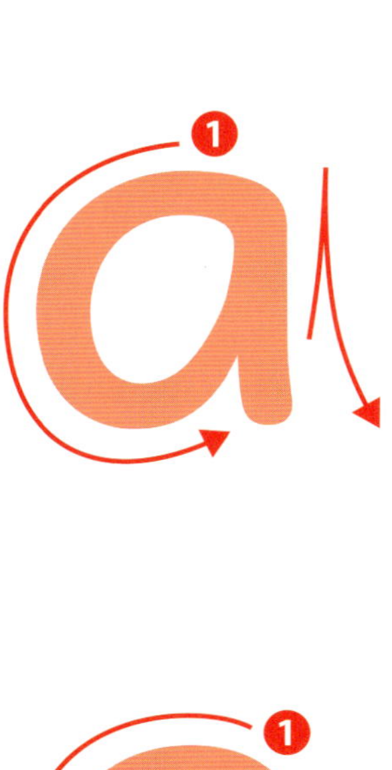
1
a

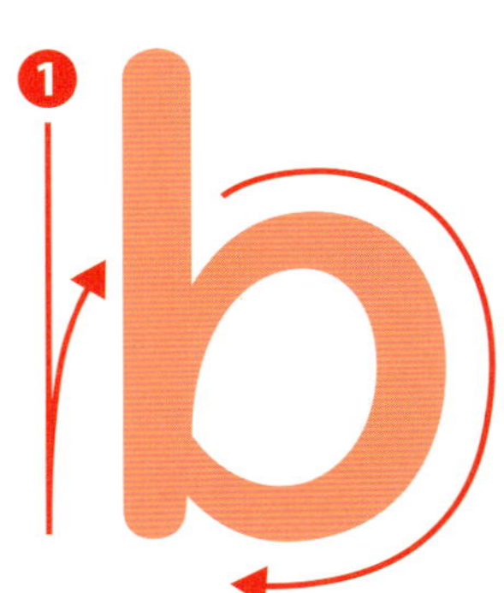
1
b

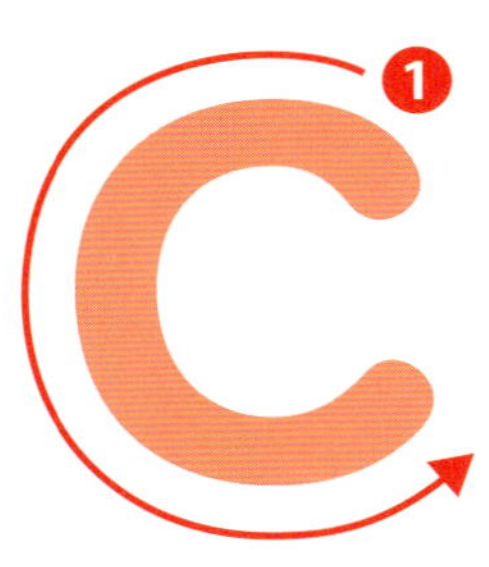
1
c

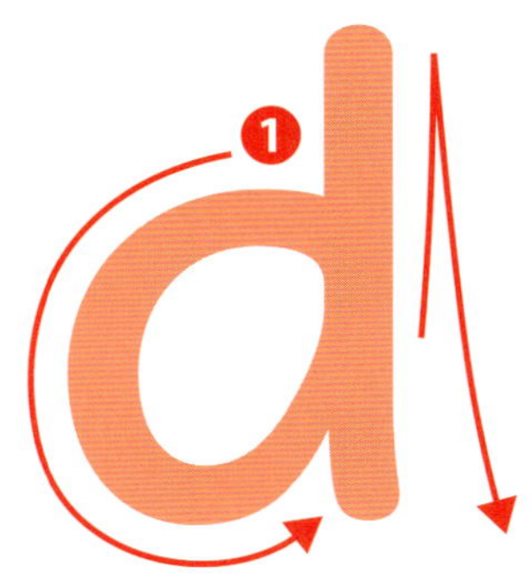
1
d

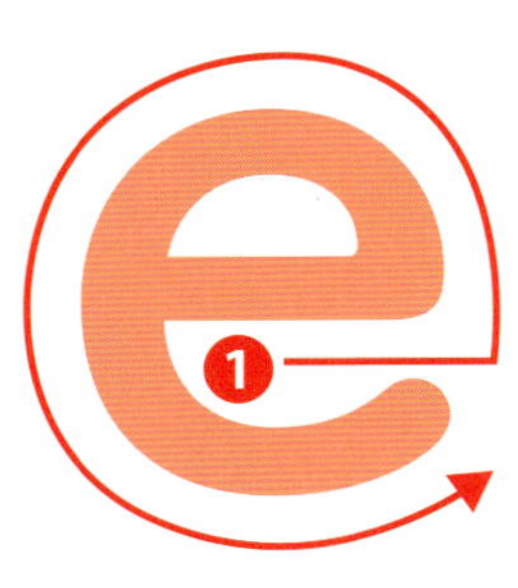
1
e

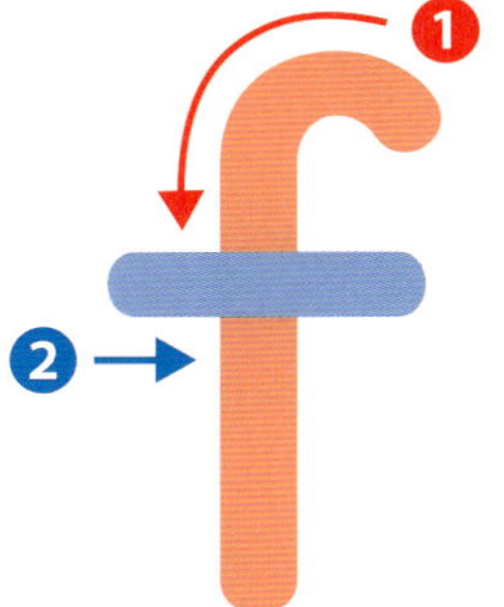
1
2
f

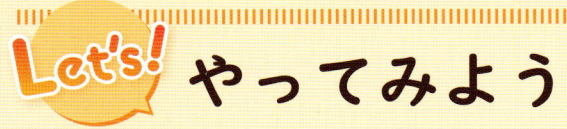

Let's! やってみよう

①a～zまで小文字のアルファベットを指でなぞって書いてみよう。
書き順は❶赤色の線、❷青色の線の順番だよ。
②QRコードの音声をききながら、アルファベットを指でもう一度なぞろう。

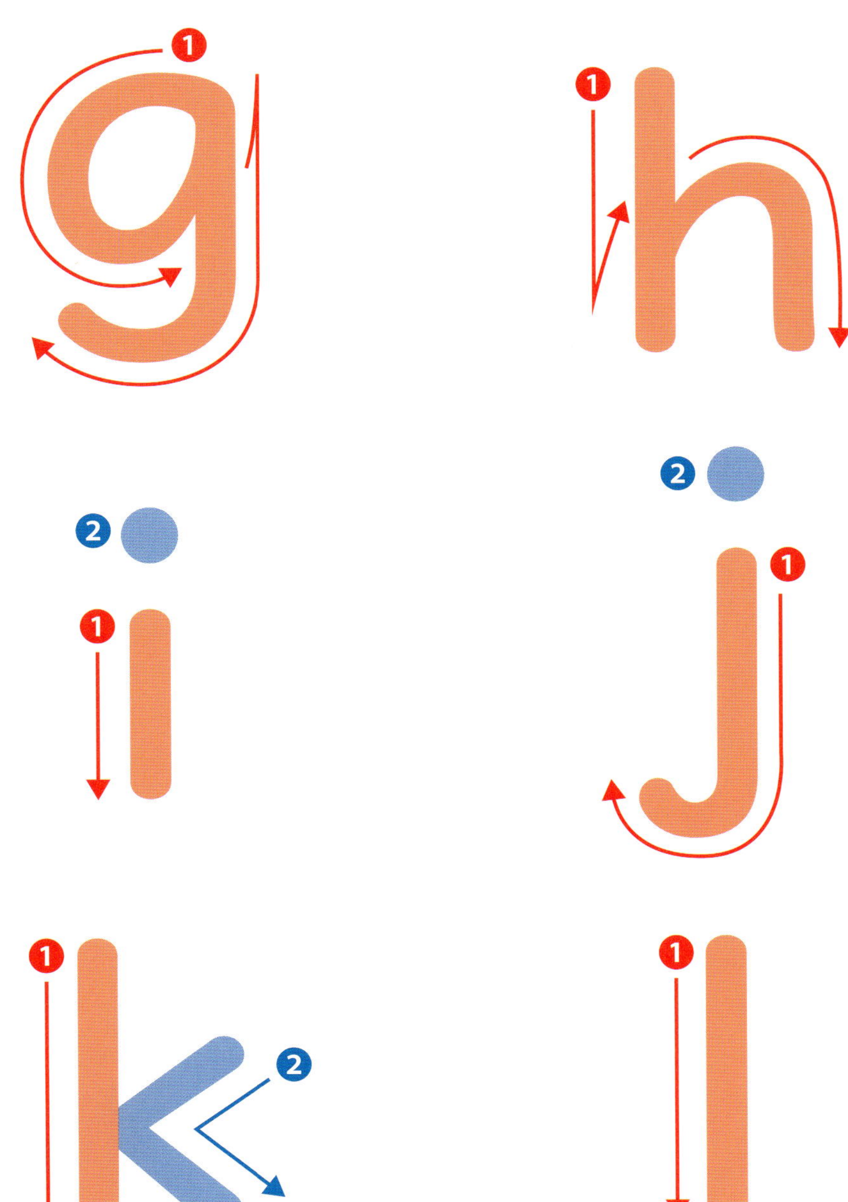

1
m

1
n
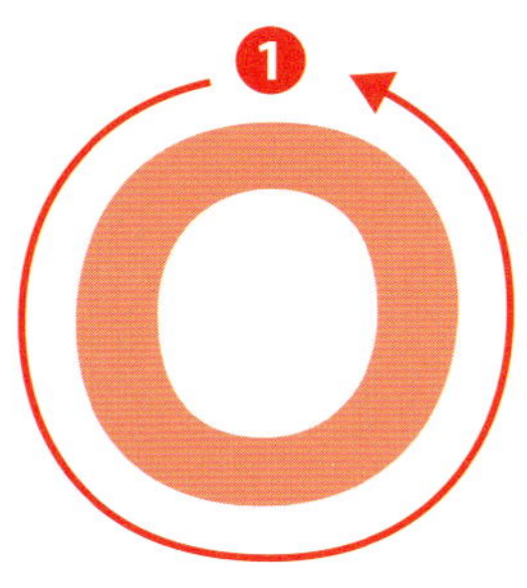
1
o
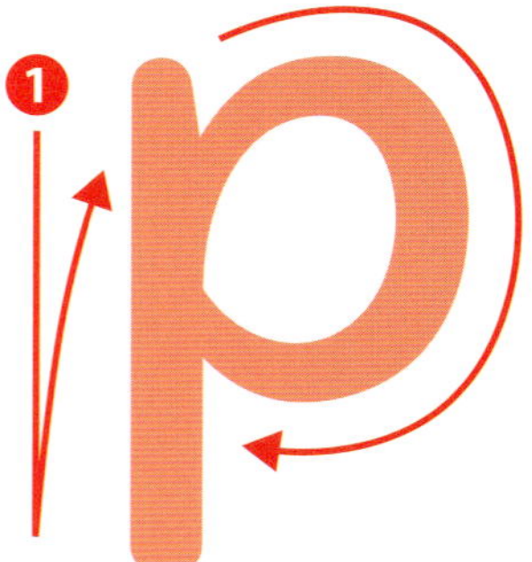
1
p
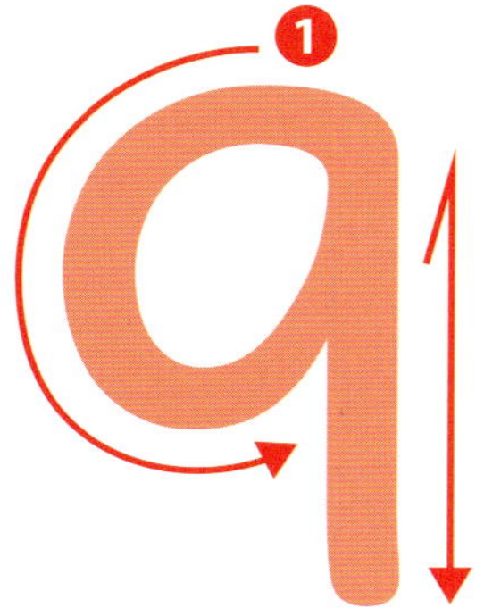
1
q
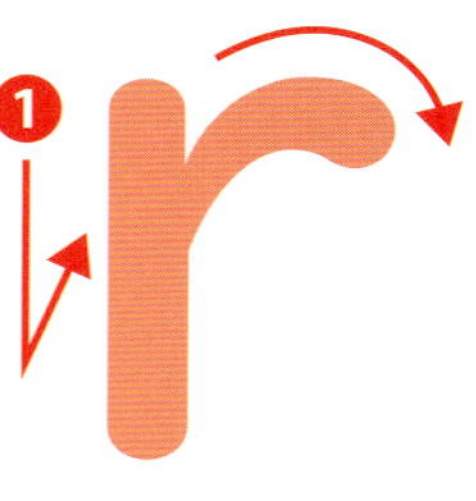
1
r

1
s
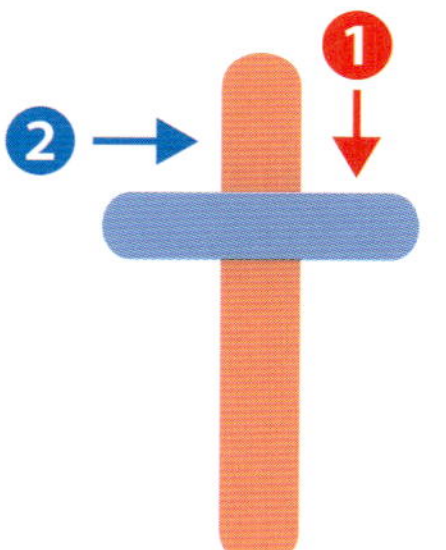
1
2
t

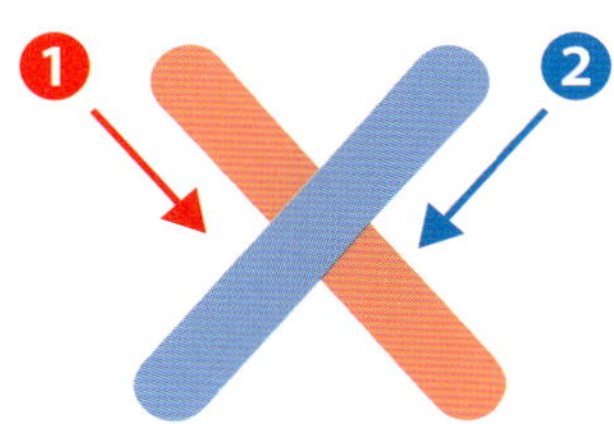

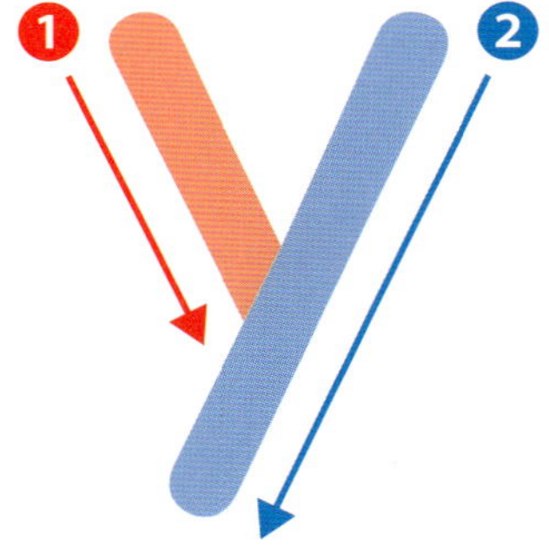

＼つづけてなぞってみよう／

a b c d e f g h i

j k l m n o p q r

s t u v w x y z

小文字(こもじ)

アルファベットを見(み)つけよう

見(み)ーつけた！

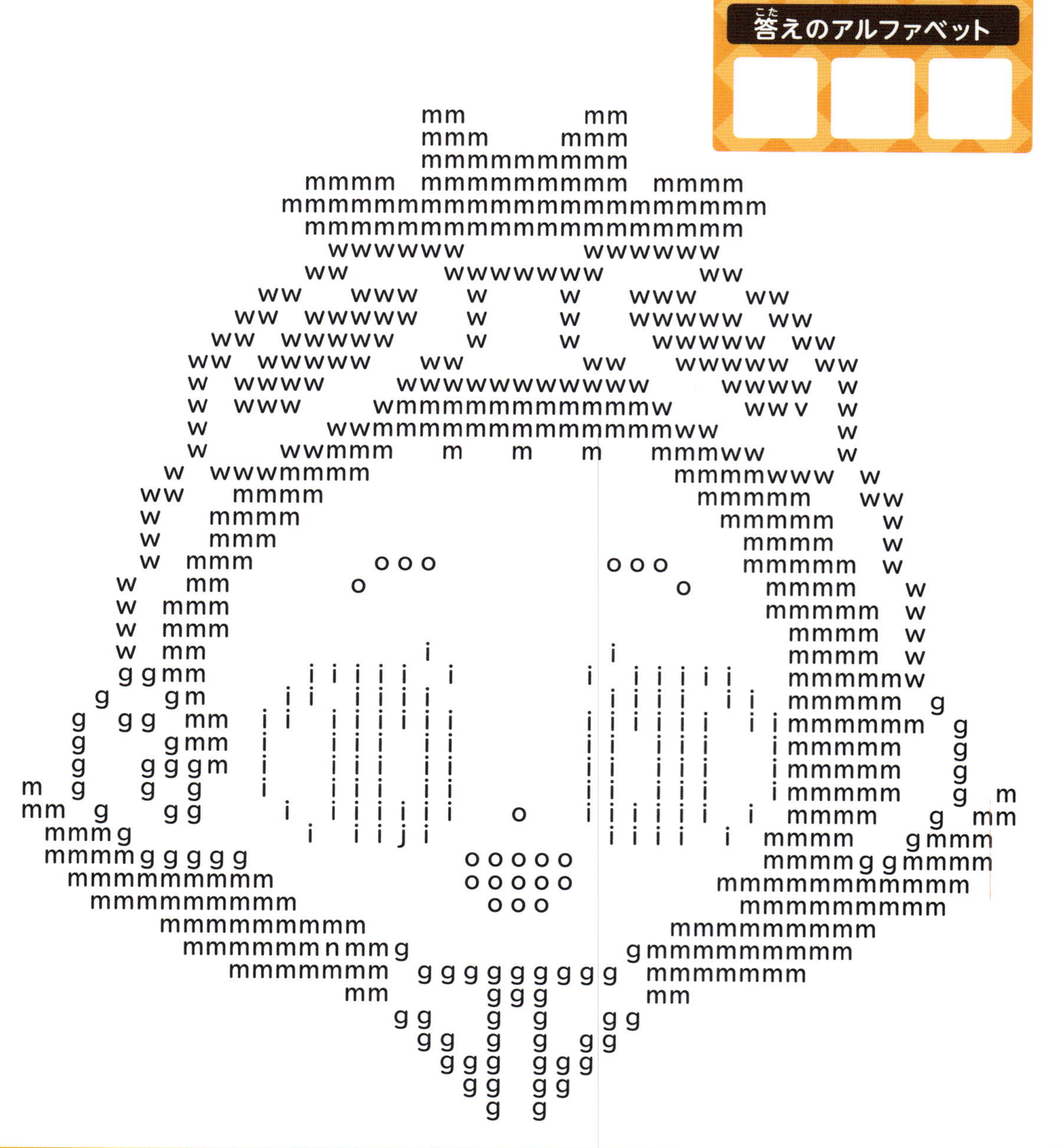

答(こた)えは77ページ

Let's! やってみよう

①38ページのニコラのイラストにある８種類のアルファベットのうち、１文字だけしかない文字が３つあるよ。どこにあるのか、見つけよう。

②39ページのフォスターのイラストにある８種類のアルファベットのうち、１文字だけしかない文字が３つあるよ。どこにあるのか、見つけよう。

```
        k k k                                   k k k
      k a a a k k                         k k a a a k
    k a a a a a k                         k a a a a a k
    k a a a a a a k                     k a a a a a a k
    k a a a a a a a k                 k a a a a a a a k
  k a a a a a a a a k                 k a a a a a a a a k
  k a a a a a a a a a k             k a a a a a a a a a k
  k a   a a a q a a a a k         k a a a a a a a a   a k
  k a     a a a a     a k         k a     a a a a     a k
  k a     a a           a k     k a         a a       a k
  k a     a               k     k             a       a k
  k a     a               k k k k             a       a k
k k a     a               k k k k k k k k k k         a       a k k
k   a     a           k k                 k k         a       a   k
k   a     a                                           a       a   k
k   a     a                                           a       a   k
k   a     a               s s s         s s s         a       a   k
k   a   a                 s s s s     s s s s           a     a   k
k   a a                     s s         s s               a a     k
k   a     t t t t t t t                         t t t t t t t   a     k
k       t t t t t t t t t t             t t t t t t t t t t         k
k     f t t t         t t t t         t t t t         t t t t     k
k k     t t t             t t t     t t t               t t t     k k
k k     t t                 t t t   t t t                   t t       k k
k         t                   t t   t t                     t           k
k         t                     t   t                       t           k
k         t             s s     t t t     s s               t           k
  k k     t t             s s   t   t   s s               t t     k k
    k k     t t         s s s t       t s s s           t t     k k
      k       t t             t       t               t t       k
      k         t t         t           t           t t         k
      k k k       t t t t t t t   s s s s s   t t t t t t t       k k k
          k k k                     s s s                     k k k
              k k                     s                     k k
                  k k k k k k k             k k k k k k k
                    x         x x x x x x x         x
                      x               x           x
                        x               x       x
                          x               x   x
                            x x         x x x
                                x x y x x x x
```

小文字

アルファベットで点つなぎ

音声をきこう

1～4は、アルファベットの順番になるように点をつないでいこう。

1. lion

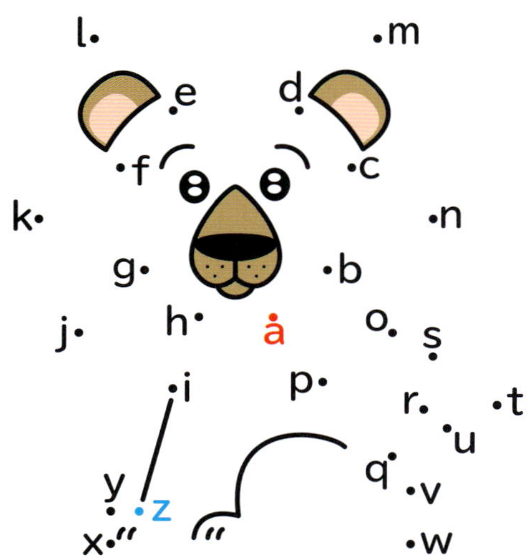

2. carrot

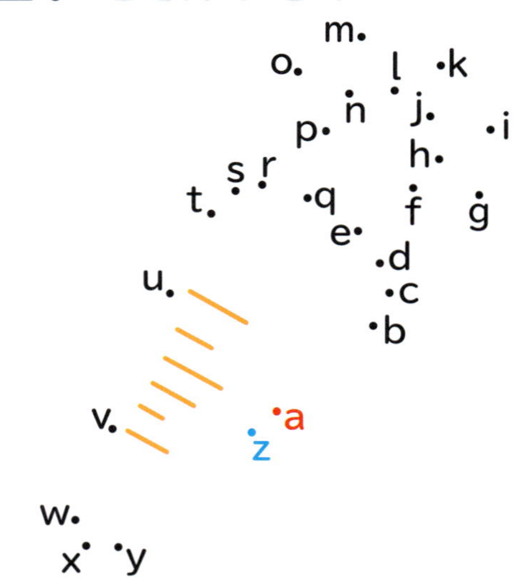

3. star

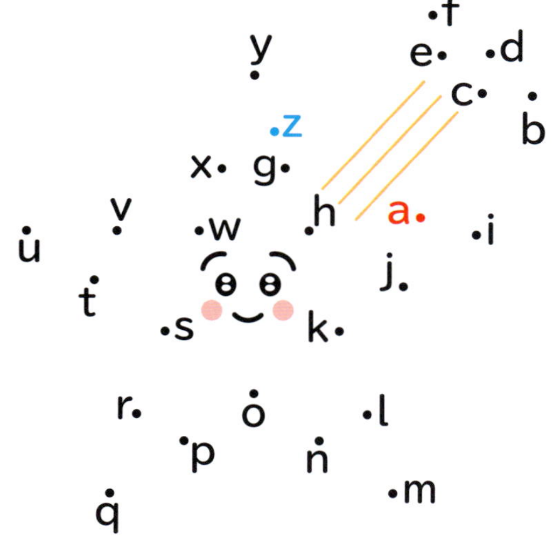

4. desk

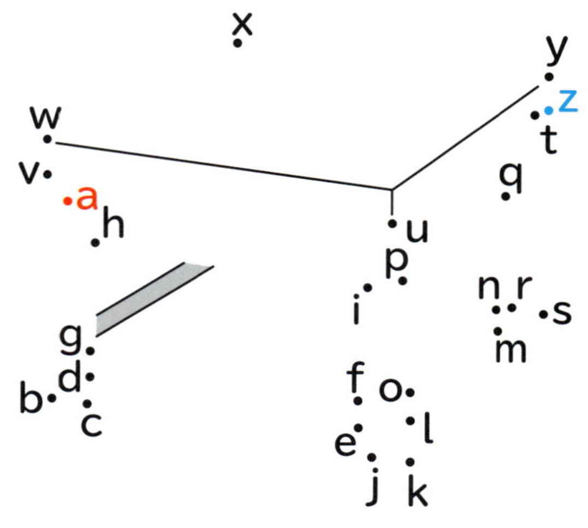

答えは77ページ

※コピーするか、ワークシートを印刷して点をつなごう。

Let's! やってみよう

①aからzまで点をつないでいこう。なにがあらわれるかな？
②あらわれたものをあらわす英語のことばがうすい文字で書かれているよ。指でなぞってみよう。
③QRコードの音声をきいて、ことばをまねして声に出して言ってみよう。

5～8は、QRコードの音声の順番になるように点をつないでいこう。

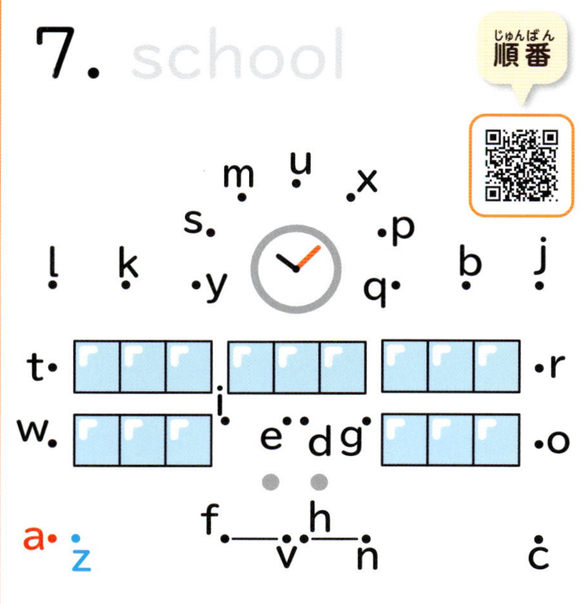

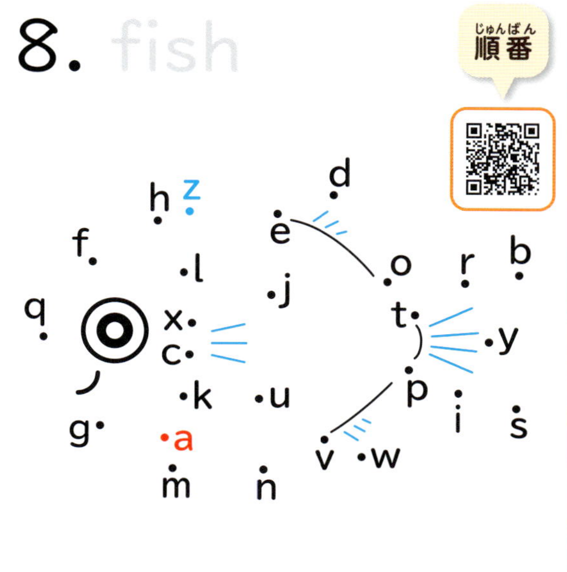

※コピーするか、ワークシートを印刷して点をつなごう。

答えは77～78ページ

<ruby>小文字<rt>こもじ</rt></ruby>

アルファベットのめいろ

やってみよう

次の①～③のルールにしたがって、めいろをすすんでゴールをめざそう。
①aからzまで、正しいアルファベットの順番ですすもう。
②とちゅうで宝箱をかならず3つとってね。
③アルファベットや宝箱ではないものがあるところは、いきどまりだよ。

GOAL
z

j q p s o k w t q z y n r y x p u w s y m t y l h w y n n w t y v n u o x

答えは78ページ

小文字(こもじ)
まちがいさがし

音声(おんせい)をきこう

なぞってみよう

bird sing king crown tree

答(こた)えは78ページ

Let's! やってみよう

①上と下のイラストを見くらべて、ちがうところを3つずつ見つけよう。
②QRコードの音声をきいて、アルファベットの名前とことばをまねして言ってみよう。
③イラストの下にあるアルファベットをなぞろう。

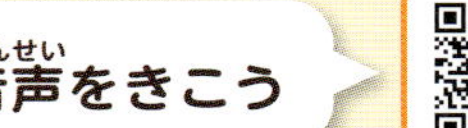

なぞってみよう

mop hop chop mountain

答えは78ページ

<ruby>小文字</ruby>

英語のことばを見つけよう

t	p	g	e	s	o
b	o	u	k	o	f
i	r	m	t	u	i
r	q	i	a	p	s
c	n	d	c	t	h
g	r	a	p	e	o

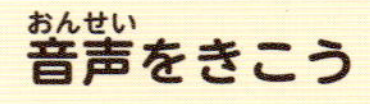

1. rice

2. soup

3. fish

4. tomato

5. grape

6. gum

答えは78ページ

Let's! やってみよう

①たくさんのアルファベットの中に、1～6のイラストをあらわす英語のことばがタテ・ヨコ・ナナメのいずれかにかくれているよ。
どこにかくれているのかな？ 6つすべて見つけよう。

②QRコードの音声をきいて、1～6のことばをまねして言ってみよう。

r	a	g	y	m	n
h	u	m	a	t	h
j	x	l	p	f	o
f	r	i	e	n	d
g	y	v	n	r	u
s	c	h	o	o	l

音声をきこう

1. math

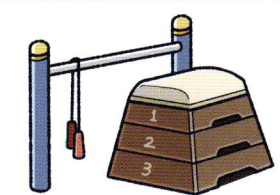

2. gym

3. school

4. friend

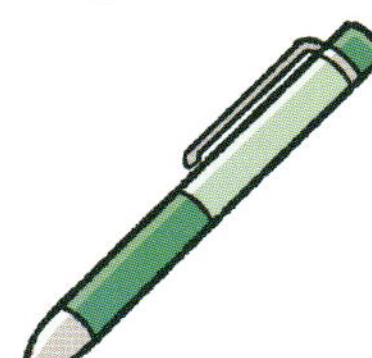

5. pen

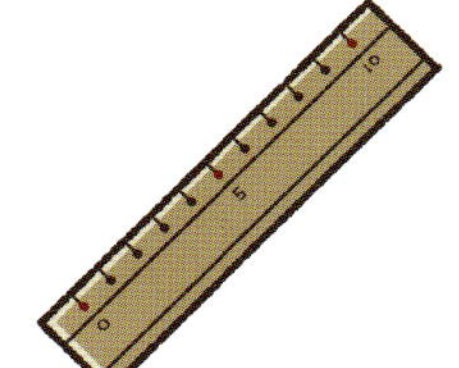

6. ruler

答えは78ページ

小文字

きいて・書いてみよう

できるまで
やるぞ〜！

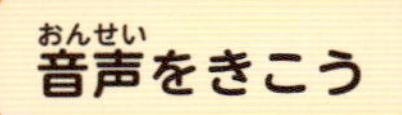

1.

2.

3.

4.

5.

6.

7.

8.

9.

➡ 答えは78ページ

※コピーするか、ワークシートを印刷して文字を書こう。

Let's! やってみよう

①QRコードの音声をきこう。1～15までそれぞれいくつかのアルファベットの音声がながれるよ。そのアルファベットをすべてききとって、それぞれ小文字で紙に書こう。

②書いたアルファベットを、声に出してよんでみよう。QRコードの音声をもう一度きいて、まねをしてもいいよ。

10.

11.

12.

13.

14.

15.

※コピーするか、ワークシートを印刷して文字を書こう。

答えは78ページ

大文字・小文字

アルファベットの名前

歌をきこう
♪ABC

左から右へ順番によもう。

Aa	Bb	Cc	Dd
Hh	Ii	Jj	Kk
Oo	Pp	Qq	Rr
Vv	Ww	Xx	Yy

やってみよう

アルファベットの名前をしっかり発音しよう！

①QRコードの歌にあわせてアルファベットを指さししよう。
②アルファベットを指さししながら、いっしょに歌おう。
③歌がなくても、アルファベットの名前が言えるかな？
色ごとに指さししながら言ってみよう。

Ee	Ff	Gg
Ll	Mm	Nn
Ss	Tt	Uu
Zz		

おうちの方や先生方へ
アルファベットカードのあそびかた

①このページを厚めの紙にコピーして切り離し、カードをつくる。
②カードをひとつにまとめ、適当にきる。
③カードを1枚ひいて書かれている文字の名前を声に出して読み、このページの同じ文字の上にカードを置いていく。
④カードをすべて置き終えるまでの時間を計り、記録表に書く。

記録表

【例】
Date: 4 月 1 日
Time: 10分21秒

Date: 月 日
Time: 分 秒

Date: 月 日
Time: 分 秒

Date: 月 日
Time: 分 秒

Date: 月 日
Time: 分 秒

Date: 月 日
Time: 分 秒

Date: 月 日
Time: 分 秒

Date: 月 日
Time: 分 秒

アルファベットさがし

答えは78ページ

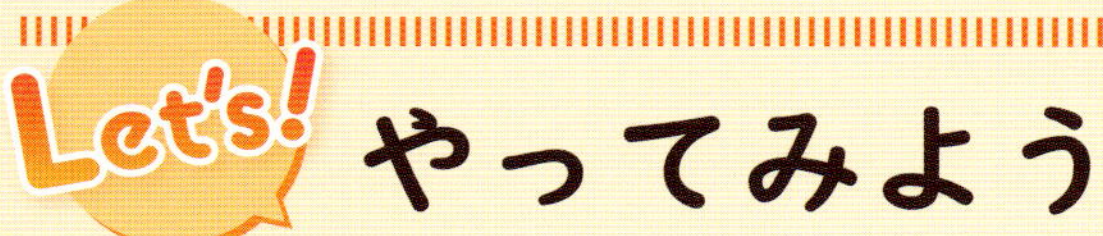

やってみよう

①52ページのケーキ屋さんのイラストの中に、アルファベットの文字がぜんぶで17こあるよ。見つけて、文字をよんでみよう。

②53ページのつくえの上のイラストの中に、アルファベットの文字がぜんぶで17こあるよ。見つけて、文字をよんでみよう。

答えは78ページ

大文字・小文字

アルファベットで点つなぎ

音声をきこう

1〜4は、アルファベットの順番になるように点をつないでいこう。

1. Skate

K l J M i N H f D P V W Z A G E o u x Y B c Q r T S

2. Hand

J M N o r i K Q S f G E u V W H l P D T x c B Y A Z

3. Melon

B A c Z D Y f E x W G V H u i T S J r K Q l M N o P

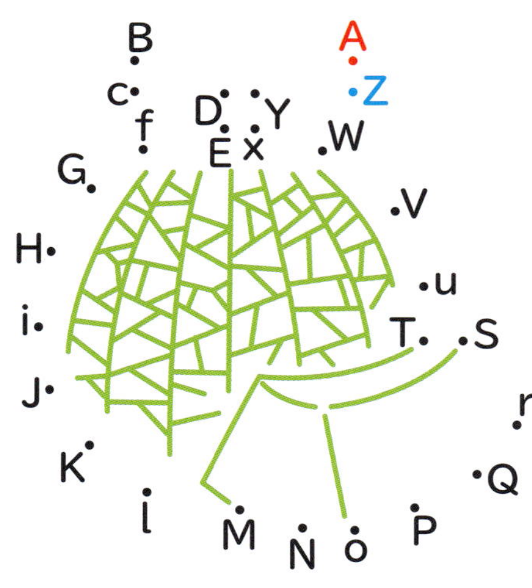

4. Tulip

K M o l N V D J P i Q u W E H r T c f x S B G Y A Z

答えは78ページ

※コピーするか、ワークシートを印刷して点をつなごう。

Let's! やってみよう

①大文字→大文字→小文字の順番で、AからZまで点をつないでいこう。
②あらわれたものをあらわす英語のことばがうすい文字で書かれているよ。指でなぞってみよう。
③QRコードの音声をきいて、ことばをまねして声に出して言ってみよう。

5〜8は、QRコードの音声の順番になるように点をつないでいこう。

5. Cake

順番

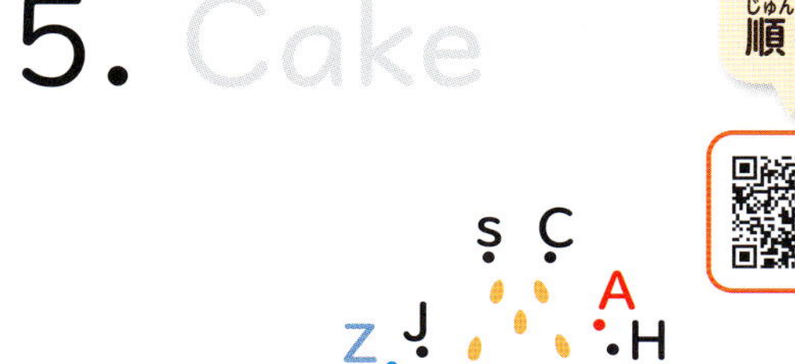

6. Newt

順番

7. Recorder

順番

8. Diamond

順番

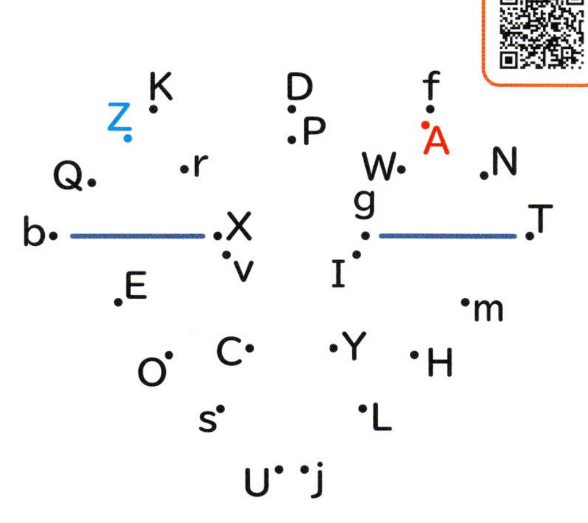

※コピーするか、ワークシートを印刷して点をつなごう。

答えは78〜79ページ

大文字・小文字

まちがいさがし

音声をきこう

なぞってみよう

book sheep jam ham bowl

答えは79ページ

Let's! やってみよう

①上と下のイラストを見くらべて、ちがうところを3つずつ見つけよう。

②QRコードの音声をきいて、アルファベットの名前とことばをまねして言ってみよう。

③イラストの下にあるアルファベットをなぞろう。

音声をきこう

なぞってみよう

MOON BALLOON SPOON VASE

答えは79ページ

アルファベットのめいろ

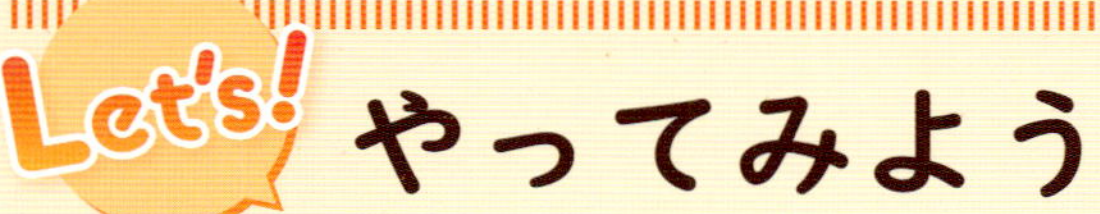

次の①～③のルールにしたがって、めいろをすすんでゴールをめざそう。

①AからZまで、大文字→小文字→小文字の順番ですすもう。

②とちゅうで星をかならず3つとってね。

③アルファベットや星ではないものがあるところは、いきどまりだよ。

GOAL
z

答えは79ページ

大文字・小文字
アルファベットを見つけよう

わわわ…
どこにあるの
でしょう？

```
bhb bbb
b b b b
b b b
b b b
b b
b bbb b
ee bbbbb ee
eeeee bbb eeeee
eee eee e bbb e eee eee
eeeee ee ee b ee ee eeeee
eeee ee eee eee ee eeee
eee eeee eee eeee eee
ee eeeee eeeee ee
ee ee
emmmmm mmmmme
mmm mmm
mmm mmm
mm mm
m m
mm mm
m m
mm mm
m RRR RRR m
m RR RR RR RR m
mmm R R R R mmm
mmmm R R R R mmnm
mm R R R R mm
mm R R R R mm
mm P bb R R bb R mm
mm R bb YYYYY bb R mm
mm R bb Y Y bb R mm
mmm R bb Y Y bb R mmm
mmmmR YYYYY Rmmmmm
m R R m
m R R m
mmR Rmm
mmmmmm mmmmmm
mmm mmm
m m
m m
m m
```


答えは79ページ

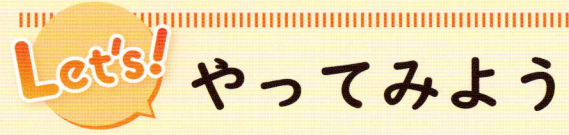

Let's! やってみよう

①60ページのスパークスのイラストの中に、1文字だけしかないアルファベットが3つあるよ。どこにあるのか、見つけよう。

②61ページのニコラのイラストの中に、1文字だけしかないアルファベットが3つあるよ。どこにあるのか、見つけよう。

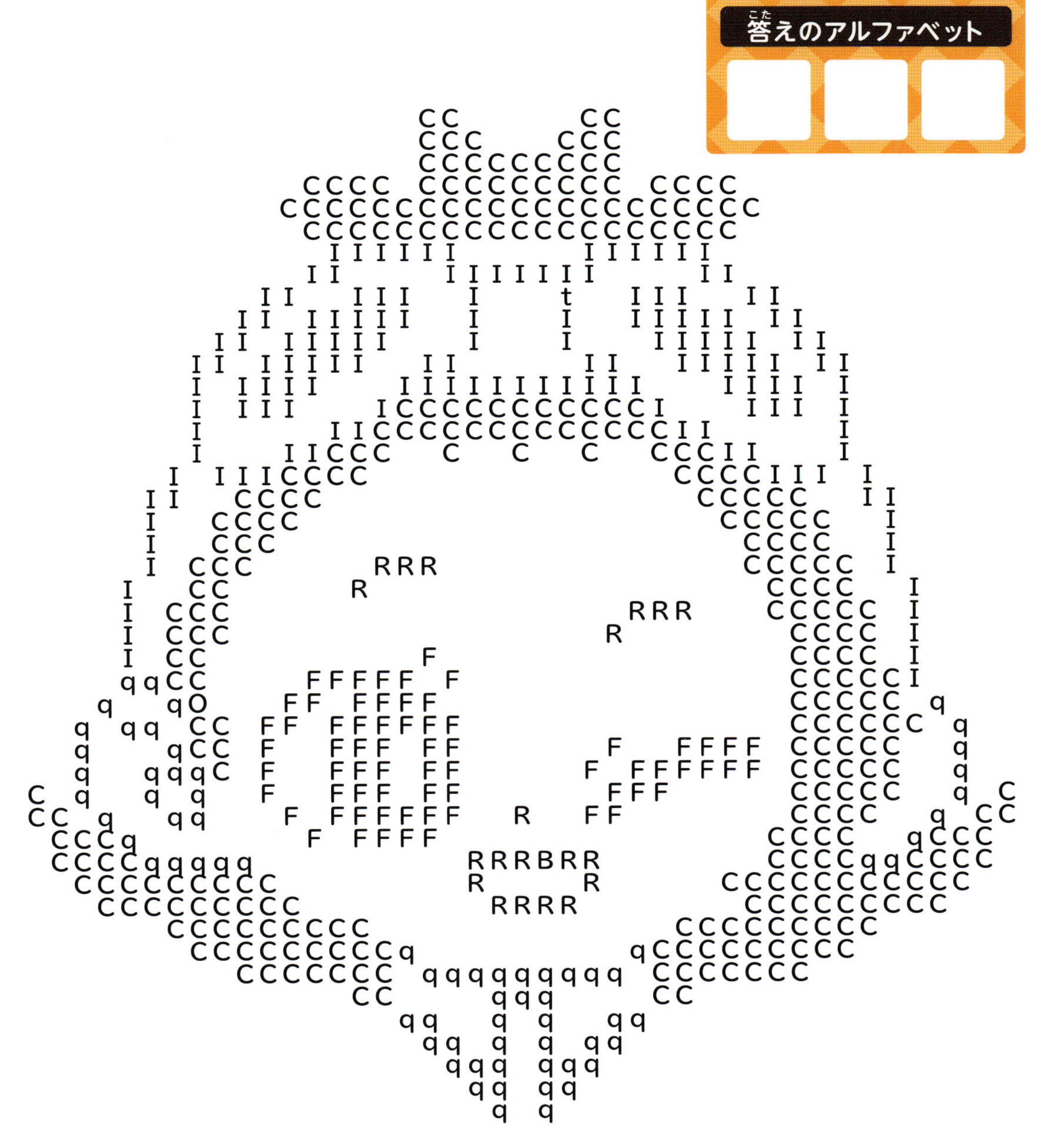

大文字・小文字

英語のことばを見つけよう

音声をきこう

m	a	r	c	h	j
a	u	p	e	o	u
s	g	s	r	o	l
j	u	n	e	i	y
b	s	m	a	y	l
e	t	t	q	n	p

1〜6の大文字のことばと同じ小文字のことばを見つけよう。

1. MARCH

2. APRIL

3. MAY

4. JUNE

5. JULY

6. AUGUST

答えは79ページ

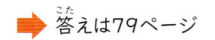

Let's! やってみよう

①たくさんのアルファベットの中に、1～6のイラストをあらわす英語のことばがタテ・ヨコ・ナナメのいずれかに、大文字または小文字でかくれているよ。どこにかくれているのかな？ 6つすべて見つけよう。
②QRコードの音声をきいて、1～6のことばをまねして言ってみよう。

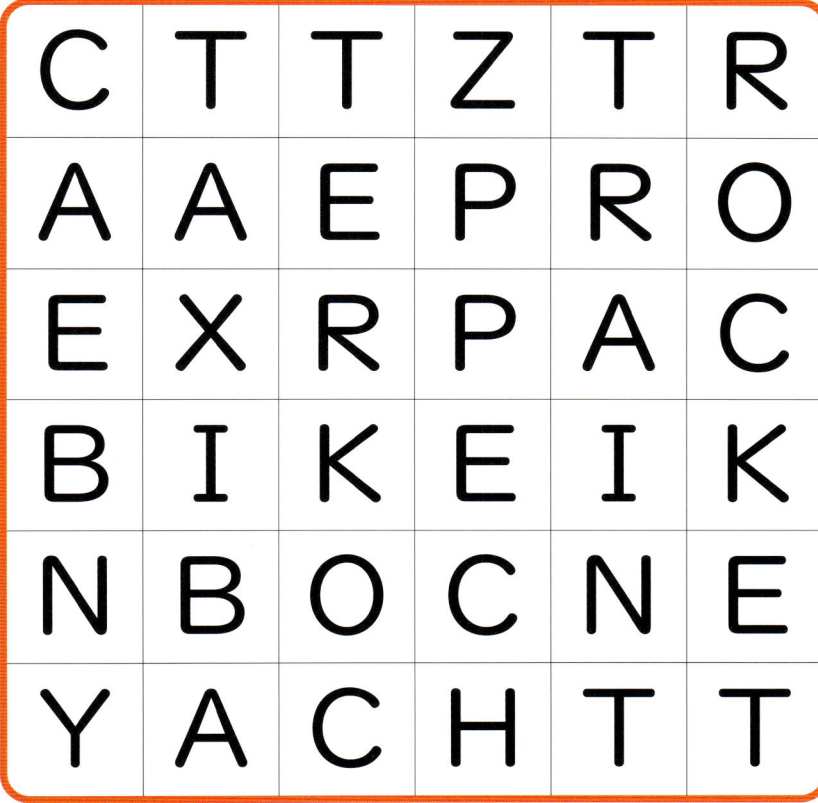

C	T	T	Z	T	R
A	A	E	P	R	O
E	X	R	P	A	C
B	I	K	E	I	K
N	B	O	C	N	E
Y	A	C	H	T	T

音声をきこう

1～6の小文字のことばと同じ大文字のことばを見つけよう。

1. car

2. taxi

3. bike

4. train

5. rocket

6. yacht

答えは79ページ

アルファベットの音

アルファベットのグループ分け

音声をきこう

Let's! やってみよう

音素はことばの音をできるかぎりこまかく分けたもののことだよ。

アルファベットの名前は言えるようになったかな？
アルファベットは、名前の音素によって７つのグループに分けることができるよ。
AからZまでアルファベットをゆっくり声に出してよみながら、７つのグループに分けてみよう。

ヒント　９文字もあるグループが１つ、１文字しかないグループは２つあるよ。

A	B	C	D	E	F
G	H	I	J	K	L
M	N	O	P	Q	R
S	T	U	V	W	X
Y	Z				

こたえ

アルファベットをゆっくり声に出してみると、この７つのグループに分けることができるよ。

- ●「イー /i:/」の音素がある ―― B／C／D／E／G／P／T／V／Z
- ●「エ /e/」の音素がある ―― F／L／M／N／S／X
- ●「エイ /ei/」の音素がある ―― A／H／J／K
- ●「ウー /u:/」の音素がある ―― Q／U／W
- ●「アィ /ai/」の音素がある ―― I／Y
- ●「オゥ /ou/」の音素がある ―― O
- ●「アール /a:r/」の音素がある ―― R

音声をきこう

A	B	C	D	E	F
●	●●	●●	●●	●	●●
G	H	I	J	K	L
●●	●●	●	●●	●●	●●
M	N	O	P	Q	R
●●	●●	●	●●	●●●	●
S	T	U	V	W	X
●●	●●	●●	●●	●●●●●●	●●●
Y	Z				
●●	●●				

●は音素の数をあらわしているよ。

アルファベットの音

7つのグループでポーズあそび

ポーズのない
音素のときは
手をたたこう！

Let's! やってみよう

アルファベットの名前の音素で分けた7つのグループで、ポーズをおぼえてあそんでみよう。どんな音のときに、どんなポーズをすればいいのかな？

イー i:　B C D E G P T V Z

どんな音？

イーッと歯を見せて、口を横に大きくあける音だよ。

ポーズ

手もいっしょに大きく横に広げよう。

エ e　F L M N S X

どんな音？

口をすこしあけて、力をぬいて、「エ」とのどのおくから出す音だよ。

ポーズ

両手をグーにして、かさねよう。

大人の方へ　アレン先生からのアドバイス

文字の名前にふくまれている音に気づくための活動として、音素体操を紹介します。まず、文字の名前を音素（音の最小単位）に分けます。たとえば、Bの名前「ビー /bi:/」は、/b/という音と/i:/という音に分けることができます。分けたあと、共通の音には同じ動作を、異なる音には音素の数に合わせて手拍子をつけます。考えて理解するよりも、実際にやってみるとわかりやすいです。Let's try!

アレン先生による音素体操の紹介動画

AHJK

どんな音？

口を横にひらいて「エ」、口をすこしとじながら「ィ」と出す音だよ。
アルファベットのAと同じ音だよ。

ポーズ てのひらをあわせて、まっすぐ前につき出し、空気を切るように上から下にうごかそう。

QUW

どんな音？

くちびるをすぼめて、つき出し「ウー」とのばす音だよ。

ポーズ てのひらをあわせて、まっすぐ前につき出そう。

IY

どんな音？

口を大きくあけて「ア」、口をすこしとじて「ィ」と出す音だよ。アルファベットのIと同じ音だよ。

ポーズ 山をつくるように、両手をあわせて上にあげよう。

オゥ ou O

どんな音？

「オ」と言いながら口をすぼめ、「ゥ」でおわる音だよ。アルファベットのOと同じ音だよ。

ポーズ 両手で大きなマルをつくろう。

アール a:r R

どんな音？

口をたてにひらき「アー」と声を出しながら、舌を口の中のどこにもふれないように口のおくにひっこめる音だよ。

アメリカの手話の「R」だよ

ポーズ ピースサインをつくって、中指を人さし指の上にかさねよう。

音素体操（アレン玉井,2010）

アルフファベットの音

ポーズあそび

動画を見よう

Let's! やってみよう

AからZまで順番に、アルファベットをゆっくり声に出してよみながら、P66～68でおぼえたポーズをしてみよう。
なれてきたら、QRコードの動画にあわせてポーズをしてみてね。

A B C D E F G

H I J K L M N

O P Q R S T U

V W X Y Z

アルファベットの音(おん)

グループ分(わ)けめいろ

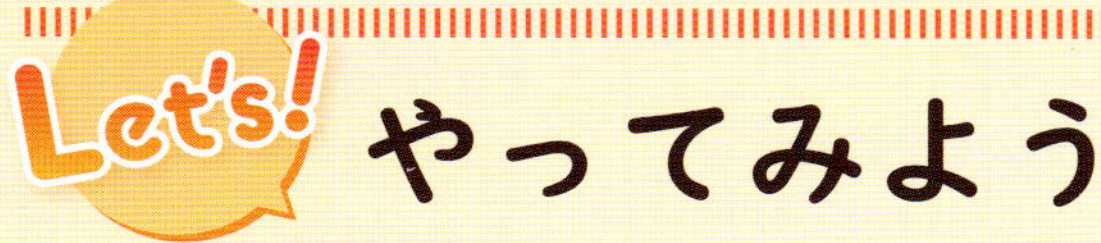

やってみよう

アルファベットをゆっくり声に出してよみながら、「e」の音素があるアルファベットをつづけて6回、「ei」の音素があるアルファベットをつづけて4回、「i:」の音素があるアルファベットをつづけて4回、「u:」の音素があるアルファベットをつづけて3回とおって、スタートからゴールをめざそう。

N	G	V	J
H	K	D	
A	W	P	H
I	U	Q	ゴール

答えは79ページ

アルファベットの音

色分けゲーム

音声をきこう

① 

② 

③ 

④ 

⑤ 

答えは79ページ

※コピーするか、ワークシートを印刷して色をつけよう。

Let's! やってみよう

①～⑩のアルファベット1つひとつをゆっくり声に出してよみながら、
文字を65ページと同じ7つのグループの色に分けよう。

/i:/グループはピンク、/ei/グループは青、/e/グループは黄色、
/u:/グループはむらさき、/ai/グループは緑、
/ou/グループはオレンジ、/a:r/グループは赤だよ。

⑥ WATCH

⑦ GIVE

⑧ JULY

⑨ SKATE

⑩ ALPHABET

※コピーするか、ワークシートを印刷して色をつけよう。

答えは79ページ

色分（いろわ）けめいろ

➡ 答（こた）えは79ページ

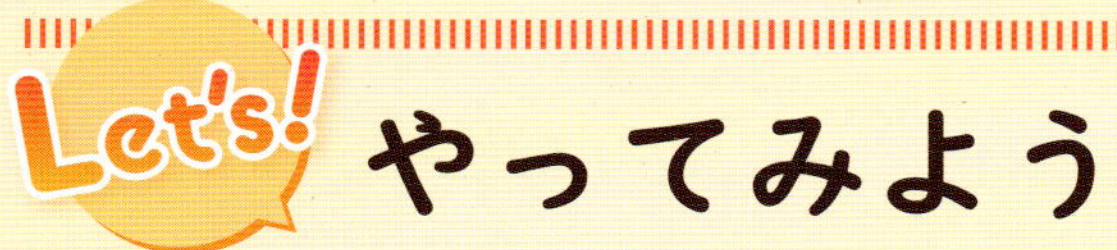

Let's! やってみよう

65ページと同じアルファベットの7つのグループと、ペンキの色があっているものをえらびながら、めいろをすすんでゴールをめざそう。

ヒント /i:/グループはピンク、/ei/グループは青、/e/グループは黄色、/u:/グループはむらさき、/ai/グループは緑、/ou/グループはオレンジ、/a:r/グループは赤だよ。

答え

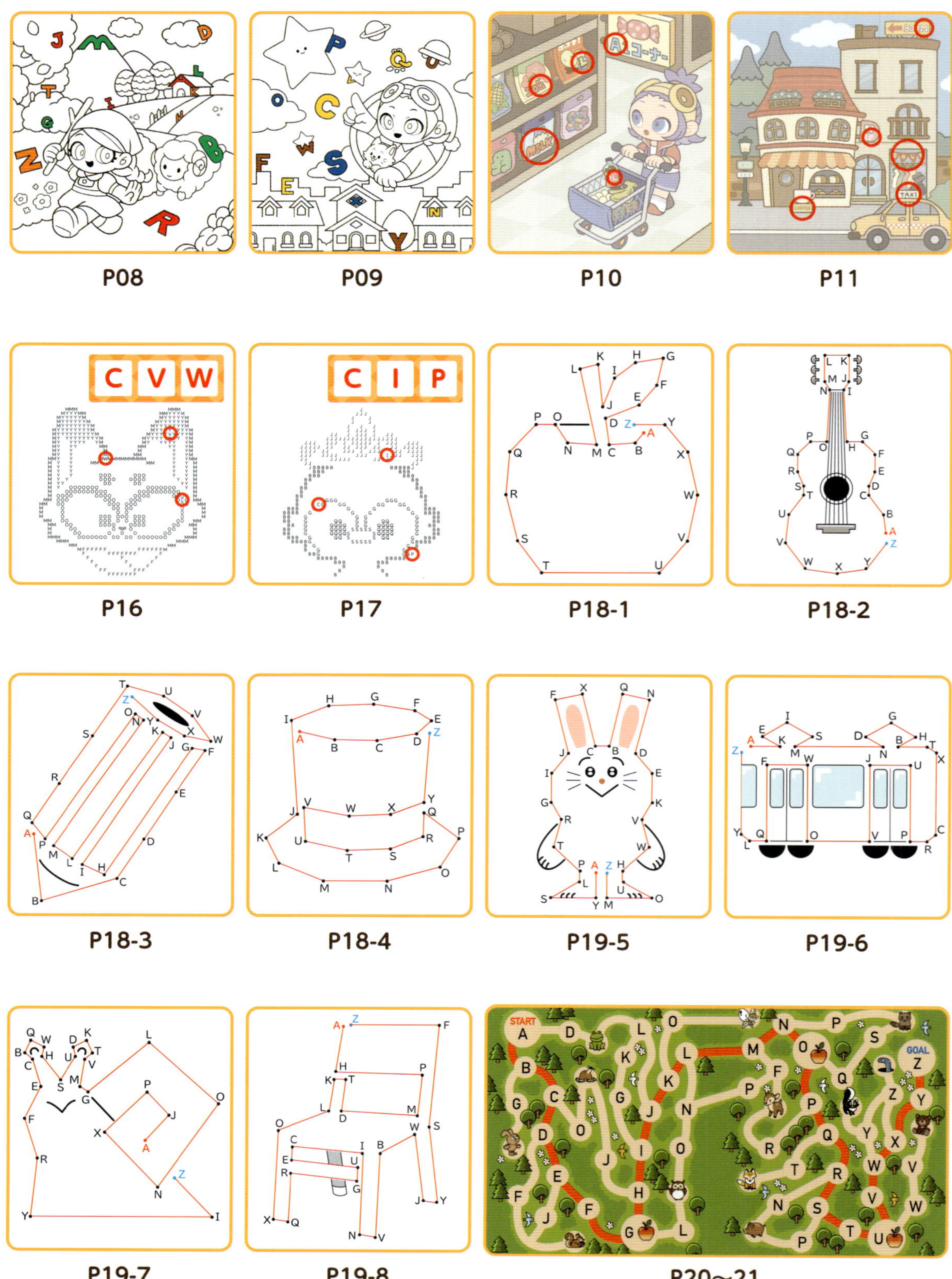

P08 P09 P10 P11

P16 P17 P18-1 P18-2

P18-3 P18-4 P19-5 P19-6

P19-7 P19-8 P20〜21

O	B	L	U	E	K
P	U	R	P	L	E
G	R	E	E	N	T
C	K	D	O	P	Q
B	L	A	C	K	Z
S	Z	P	I	N	K

F	H	I	P	Q	Y
O	G	C	A	T	R
J	D	S	N	B	L
F	O	X	D	C	K
D	G	R	A	T	E
M	O	N	K	E	Y

P22　P23　P24　P25

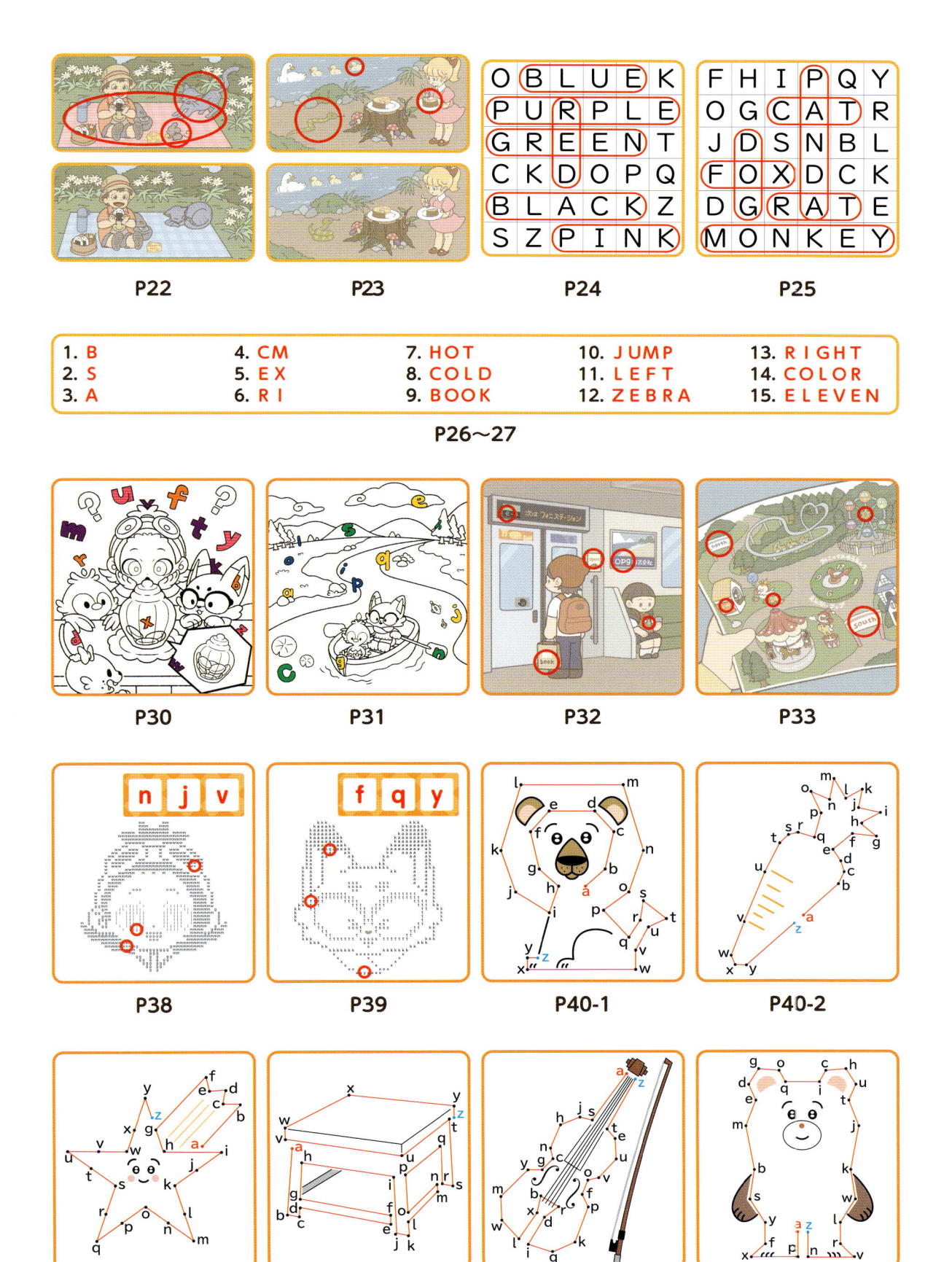

1. B
2. S
3. A
4. CM
5. EX
6. RI
7. HOT
8. COLD
9. BOOK
10. JUMP
11. LEFT
12. ZEBRA
13. RIGHT
14. COLOR
15. ELEVEN

P26～27

P30 　P31 　P32 　P33

n j v　f q y

P38 　P39 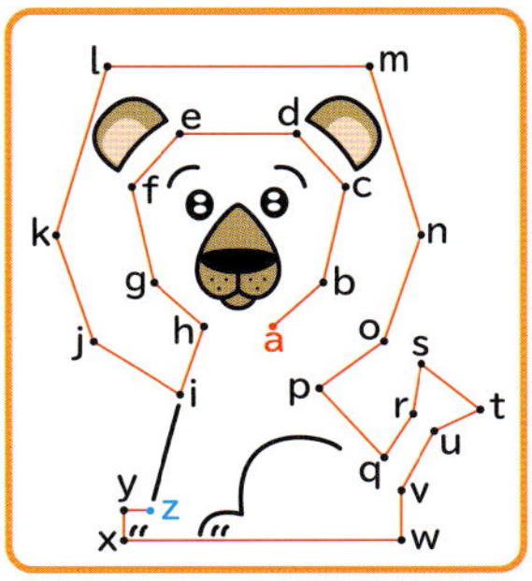　P40-1 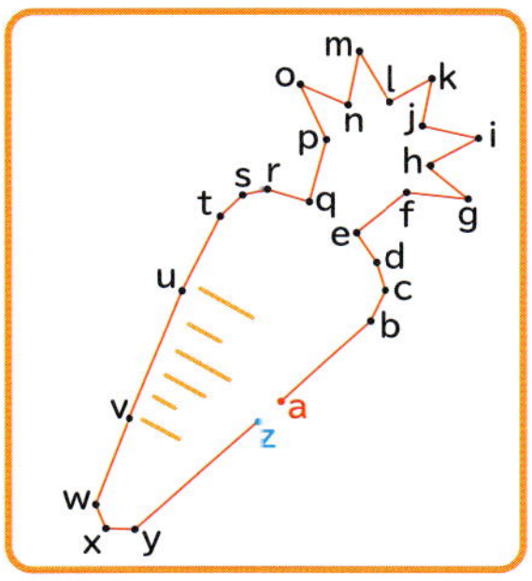　P40-2

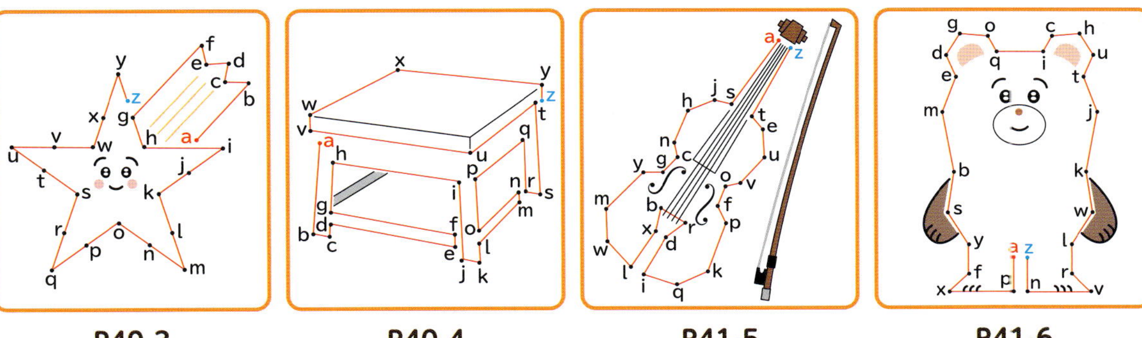

P40-3　P40-4　P41-5　P41-6

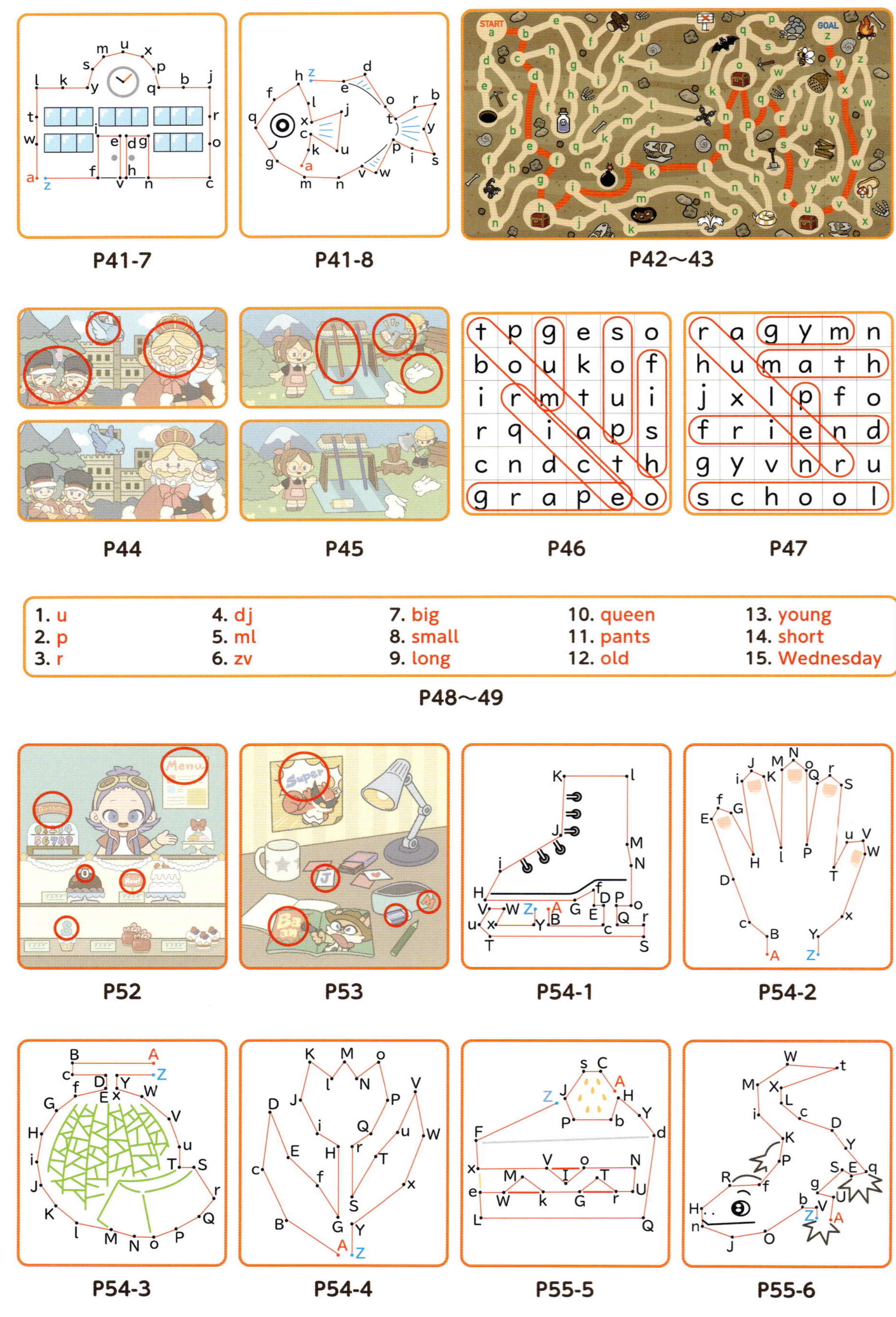
P41-7
P41-8
START
GOAL
P42〜43
P44
P45
t p g e s o
b o u k o f
i r m t u i
r q i a p s
c n d c t h
g r a p e o
P46
r a g y m n
h u m a t h
j x l p f o
f r i e n d
g y v n r u
s c h o o l
P47
1. u
2. p
3. r
4. dj
5. ml
6. zv
7. big
8. small
9. long
10. queen
11. pants
12. old
13. young
14. short
15. Wednesday
P48〜49
Menu
Super
P52
P53
P54-1
P54-2
P54-3
P54-4
P55-5
P55-6

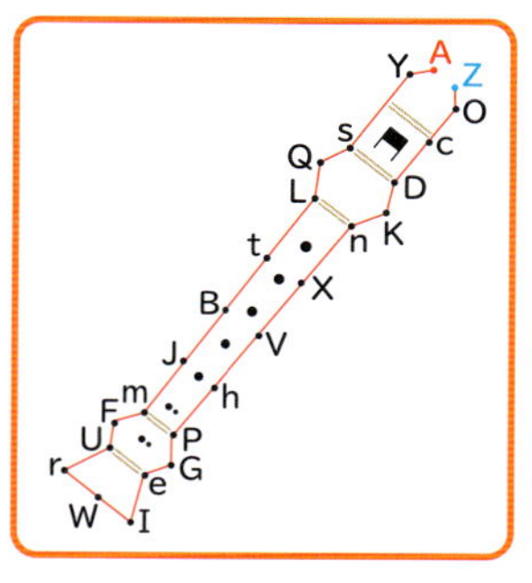

P55-7

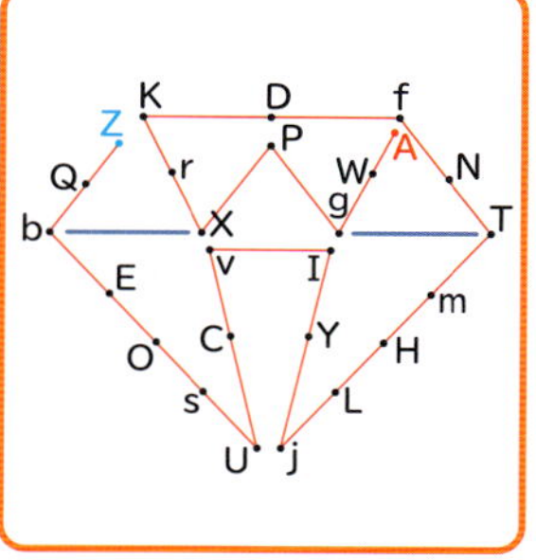

P55-8

P56

P57

P58～59

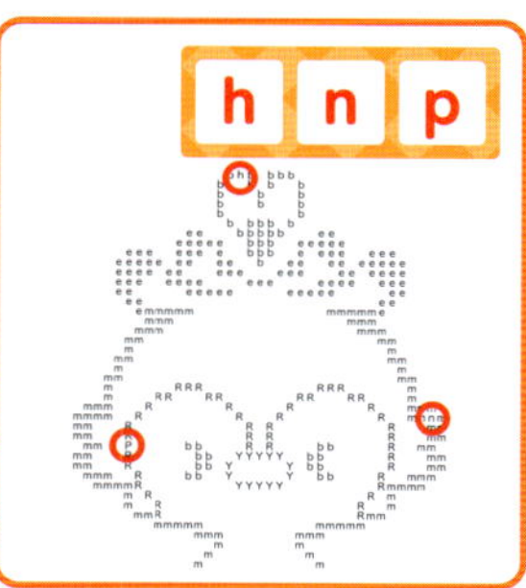

P60

P61

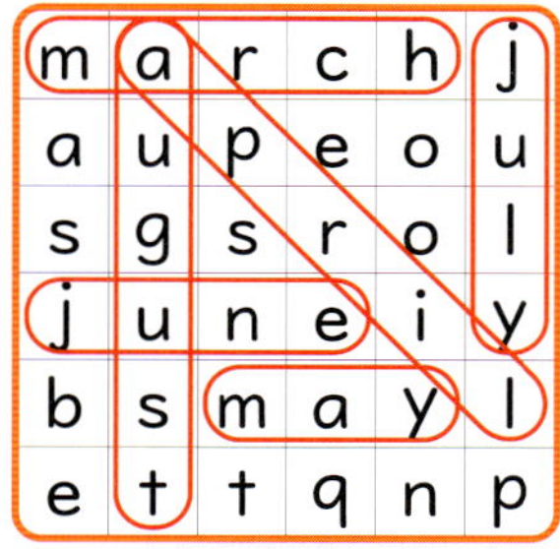

P62

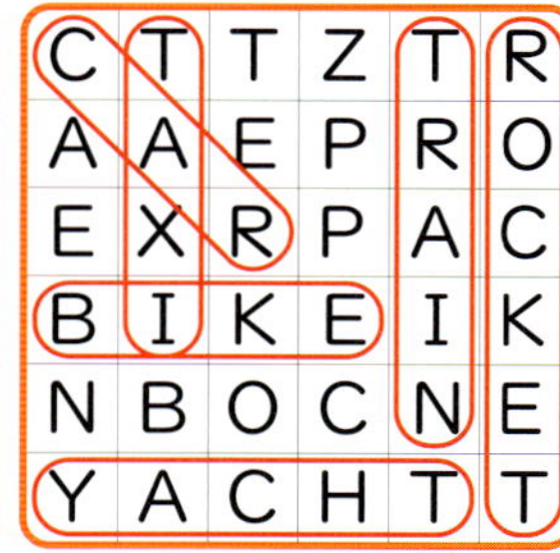

P63

P70～71

① QUICK
② FOX
③ NUMBER
④ STUDY
⑤ FROZEN

P72

⑥ WATCH
⑦ GIVE
⑧ JULY
⑨ SKATE
⑩ ALPHABET

P73

P74～75

監修／アレン玉井光江

青山学院大学文学部英米文学科教授。専門は幼児・児童英語教育、第二言語習得。小学校外国語科教科書『NEW HORIZON Elementary』（東京書籍）編集代表。著書に『小学校英語の文字指導：リタラシー指導の理論と実践』（東京書籍）、監修書に『0さいからのドラえもんえいごえほん』（小学館）、『はじめてのさがしておぼえるえいごのことば』（パイインターナショナル）などがある。日本児童英語教育学会会長。

おもな参考文献

『小学校英語の文字指導：リタラシー指導の理論と実践』アレン玉井光江（東京書籍）

『アメリカの小学校ではこうやって英語を教えている　英語が話せない子どものための英語習得プログラム　ライミング編』リーパー・すみ子（径書房）

イラスト　はなちか／小林麻美／藤見もも子

デザイン　原島啓子／木村美蘭

企画編集・執筆　吉井菜子

録音協力　一般財団法人 英語教育協議会（ELEC）／Luna Jeka

2024年12月25日　初版第1刷発行

監修　アレン玉井光江
発行　株式会社 国土社
　　　〒101-0062 東京都千代田区神田駿河台2-5
　　　TEL 03-6272-6125　FAX 03-6272-6126
　　　https://www.kokudosha.co.jp
印刷　瞬報社写真印刷株式会社
製本　株式会社 難波製本

NDC831　80P/27cm　ISBN978-4-337-22801-6　C8382